サウンドマイスター
藤田武志
Takeshi Fujita

音がわかれば宇宙がわかる!?

サウンドマイスターFUJITAの
「音の宇宙」実習教室

ヒカルランド

電気の正体は電子です。電子は見えませんが、その振る舞いの仕方によって、直流と交流という2種類の電気があります。

テレビの中で使われているトランジスタ、ＩＣは、いずれも電子の動きを利用したものであり、全て直流で動作します。壁のコンセントに挿《さ》すときは交流なのですが、その交流をテレビの中では直流にして扱います。テレビ、パソコン、全部そうです。

スマホに充電するときのＡＣアダプターは、交流を直流に変換するインバーターというタイプの変換器です。インバーターの基礎を発明したのが、ニコラ・テスラ先生です。交流を直流にして、電子回路の中で便利よく扱えるようにしたところが偉い。エジソンさんは直流にこだわって、最初から電池ありきでやっていたのですが、テスラさんは交流を直流に変換したほうが便利で、将来はそうなるよという先見の明があったのです。テスラさんはオカルトとかマッド・サイエンティスト的なイメージがありますが、純粋な研究者でした。

ここから先が結構おもしろくて、「従って、存在認識可能という有限の世界が、自然界であり宇宙である」。これが宇宙の概念です。存在認識可能な物体全てが宇宙なのです。

星空に無制限に惑星があって、天体があって、いっぱいちりばめられています。逆に、ミクロの世界、極微の世界を見ると、原子、電子、素粒子が、宇宙にちりばめられている星のように存在している。だから、同じものだとおっしゃっている。自然界であり、宇宙である。これに集約されるのです。

次に、これまたおもしろいのですけれども、「しかし一方において、人々は客観のできる像や物体の代表的存在である太陽・月・星の如《ごと》き天体を観察して、次のような知覚を得た。即《すなわ》ち、天体は絶えず運動状態を続けて、しかも規則的な運行であるという知覚である」ということです。これがいわゆる「天動的知覚」で、天動説につながるのです。

水が液体で存在している星は、ほぼ見つかっていません。アンモニアとか、ほかのガスが液体で存在している星は見つかっていますが、地球のように水が液体状で存在している星はないのです。だから、地球に生命が生まれたのです。それが証拠に、私たちの身体も60～70％は水でできています。それより寒いとカチンカチンに凍って固まってしまいます。

なぜかというと、地球は振動して止まらないのです。そもそも原子、電子レベルで動いているから止まらなくて、ブラウン運動をしていますが、もっと大きい領域になると、地球自身が振動しています。

1952年にシューマン共振の仮説が発見されていましたが、1958年にアメリカの人工衛星「エクスプローラー1号」で地球の呼吸音をちゃんと確認できました。これが7・8Hzから20・3Hz、60Hzという周波数と振動のスペクトルで表示されました。7・8Hzが私たちの身体の揺らぎ、即ちアルファ脳波です。

カバーデザイン　重原　隆
編集協力　宮田速記
本文仮名書体　文麗仮名（キャップス）

目次

サウンドヒーリング実習教室　Section ①

オトの違いがわかるためにはまず「電気の基礎知識」が必須です！

触れてはいけない!?　タブーを語ります！
「日本の100Vって世界標準なの？」

科学的に説明できないことの話

音波、電波、電磁波など知っているようで知らないことの話

時間と空間の話

サウンドヒーリング実習教室

Section ①

オトの違いが
わかるためにはまず
「電気の基礎知識」が
必須です！

2022年３月５日（土）
Hi-ringo-Yah!

電気の正体は、電子の移動です！

まず最初に知っていただきたい基本的な項目があります。

電気とは一体何なのでしょうか。

電気の正体は、電子の移動です。

全ての物質は、細かく分けていくと、原子という小さな粒の状態になります。実は、原子という小さな粒までは目で見えるのです。といっても直接見るのではなくて、電子顕微鏡という装置を使って、原子の粒の輪郭を見るというのが、正確な言い方です。電子の小さな粒状のものが丸く見えるので、球体であるということまでは確認できています。一般的に言われているので、間違いのない事柄であると思っています。

その原子をさらに細かく分けると、原子には原子核という中心部分があって、その周囲をさらに小さな粒が回っています。これが電子で、電気の正体らしいと一般的に言われています。

電子は、原子核に引きつけられながら規則正しく回っています。しかし、ちょっとした刺激で、その軌道を外れて原子から簡単に飛び出してしまいます。このような電子を自由電子といい、電気とはこの自由電子が移動する現象なのです。

電子が飛び出した原子と電子は互いに引き合う性質があり、これを電荷といいます。電子が飛び出した原子はプラス（正の電荷）、電子はマイナス（負の電荷）を帯びていると決めたのです。

今から約70～80年前に、理論的にこうなのではないかということがわかってきて、電子顕微鏡ができた50年ぐらい前に確認できたと言われています。

原子核の周りを回っているのが電子で、この電子を量子（クオンタム）といいます。

原子は電子と原子核という物質でできていて、さらに原子核の中には中性子と陽子という物体、さらに、その中性子、陽子をつくっているもっと細かなものまであることが今はわかっていて、それらを素粒子という名称で呼んでいます。

ここまで出てきた言葉は、原子、原子核、電子（量子）、電荷、陽子、中性子、素粒子という名称です。

また、電子が飛び出しやすい物質を、導体といいます。ほとんどの金属は電子が移動しやすい導体なので、電気を扱うときに電線として使います。銅、金、銀、アルミ、鉄、ステンレスといったほとんどの金属が、電気の流れやすい物質です。

電気の流れやすい物体とは、原子核を中心とする原子の周りを動き回っている電子が飛び出す状態のことをいいます。飛び出しやすい物体が導体です。

導体の反対に、電気が流れない、電気を通さない物質を絶縁体といって、電子の移動がほとんど起きません。ゴムやプラスチック、純粋な水、空気は、絶縁体の代表的なものです。

なぜ自由電子が移動するのか⁉

原子核の周囲を回っている電子の数は、原子の種類によって決まっていて、決まった数の電子が回っている原子は電気的に安定しています。

ところが、電子を放出してしまった原子は、電気的に不安定な状態になり、周りの自由電子を取り込んで安定しようとします。このため、散らばっていた自由電子は、不安定な状態の原子に向かって集団で移動します。この電子の流れを電流といい、その流れの大きさをアンペア（A）という単位であらわします。

自由電子が移動しやすい物体、先ほど挙げた金属は、原子の周りを回っている電子が暴れまくっていて、移動しやすくなってしまいます。では、具体的にどうしたら電気が発生するのか、正確に言うと電子の移動が起こるのでしょうか。

金属に何らかの刺激が加わると電子が移動します。その一番わかりやすい状態が、金属にトンカチで直接衝撃を与える。あるいは、熱を加えて真っ赤にする。あるいは、火打石のように金属同士をパチリと当てると火花が飛びます。あの状態は、電子が飛び出して電気が発生していて、電気になった瞬間を目にしていると考えるとわかりやすいと思います。

一般的に、電気はプラスからマイナスに流れていると言われていますが、実際は電子が移動しているのです。電子はマイナスの電荷ですから、マイナスからプラスに向かって流れているというのが正確な言い方です。

約200年前、電池を発見したときに、電位差、つまり電圧の違いによって電圧が高いほうをプラスに決めて、電気はプラスからマイナスに流れると決めただけなのです。いまだにそのならわしで、電気はプラスからマイナスに流れているという言い方になっています。

でも、実際は電子が陽子のプラスの電荷に引き寄せられて流れています。これは自由電子の移動という言い方であらわすことができます。自由電子の流れはマイナスからプラス、電気の流れ（電流）はプラスからマイナスという表現になって定着しているのが現状です。

オーム、ボルタ、アンペールについて

電気の理論は、オーム、ボルタ、アンペールというお三方の功績によって決められたものです。

ゲオルク・ジーモン・オーム

ドイツの電気学者。

電気が流れるときの電流の強さと電圧の関係を調べて、1826年に「電流の強さは電圧に比例し、抵抗に反比例する」という電気学で一番有名な法則を発見しました。

電流I＝電圧V／抵抗R

これをオームの法則といいます。

アレッサンドロ・ボルタ

イタリアの物理学者。

1800年ころ、発明された「ボルタ電池」が世界初の化学電池とされています。

電圧の単位「ボルト」は、ボルタの名前から取られています。

アンドレ＝マリ・アンペール

フランスの物理学者・数学者。
電磁気学の創始者といわれ「アンペールの法則」を発見しました。
電流のＳＩ単位であるアンペアはアンペールの名前から取られています。

電気と光の密接な関係

電気と関連して私たちの生活と切っても切れない縁のあるものは、光です。電気と光は密接に関係しています。

一般的に「光」と言われる可視光線には、目に見える電気、太陽、最近ではＬＥＤなどがありますが、この正体は何かというと、電磁波、電波です。電磁波の一種で、波長により色が異なります。

光が発生する現象を発光といい、熱放射とルミネセンスに大別されます。熱放射は、物体の温度が高くなるとエネルギーが放射される現象で、白熱発光ともいいます。低温のうちは赤外線が放射され、温度が高くなると可視光線が放射されるようになります。最初は赤い光ですが、温度が高くなると白色になっていき、さらに高温になると青っぽい色になります。ロウソクの炎が光を発するのは、熱放射によります。

白熱電球は熱放射を利用しています。白熱電球は、エジソンが発明した電球そのものです。エジソンは、焼いて炭化させたフィラメントにガラスの球をかぶせて、真空にして電流を流して発熱させました。これが昔の真空管の大もとになったということで、エジソンはやはり偉かったのです。

ちなみに、天気のいい日に明るく光っている太陽は、何色でしょうか。実は緑色に光っています。あらゆる可視光線を出しているのですけれども、一番強いのが緑色なのです。植物の葉っぱは、一番強い緑色の光を吸収してしまうと熱くて大変なので、光を反射するように自分の体を緑色にして保護した結果と言えると思います。

色温度といいまして、皆さんの周りでわかりやすいのが、車のヘッドライトの電球は6000度とか、8000度とかありますが、これのことです。白い色は温度が高い。温度がもっと高くなると青っぽくなってきます。昔の白熱電球を使ったヘッドランプは赤に近い色でした。

次に、熱放射以外の発光現象を総称してルミネセンスといい、その光を蛍光といいます。狭義では、エネルギーがなくなるとすぐに発光が止まるものを蛍光、光り続けるものを燐光《りんこう》といいます。

電気を利用したルミネセンスはエレクトロルミネセンス（EL）といい、放電発光を利用した放電灯が多いのですが、半導体による発光ダイオードも利用されるようになっています。電子、電流の流れを半導体にぶつけると光が発生する現象をLEDといいます。

次に、放電灯には蛍光灯、ナトリウム灯、メタルハライドランプ、水銀灯など、いろいろあります。高速道路を走っていると、トンネルの中は橙色に光っています。これも放電を利用した電灯です。

また、光が電気現象を起こすこともあります。これを光電効果といい、光起《ひかりき》電力《でんりょく》効果や光伝導《こうでんどう》効果があります。これの代表的なものが太陽電池で、光が当たると光子が当たって、半導体の中で電子が暴れて電流になります。それを電気として取り出して使っています。

光の量で電気の流れやすさが変化する光伝導効果というものがあって、デジタルカメラのイメージセンサーや光通信に利用されるフォトダイオード、ＣｄＳセルなど、各種光センサーに応用されています。

ルーメン、カンデラ、光の単位から光を知る!!

写真撮影をするときに、よくカメラマンあるいは助手が、白い球のついたハンディな測定器で光の量をはかっています。あれが光セルを利用した光の量の測定器です。

光には、量や強さによって各種の単位が定められています。

白熱電球や蛍光灯などの光源から放射される光の総量を光束《こうそく》といい、単位にルーメン（lm）を使います。1メートル四方にどれだけの量の光が降り注いでいるかということです。

電球の全光束を消費電力で割ったものを発光効率やランプ効率といい、単位にlm／Wを使います。光源のエネルギー効率です。

光束の値が大きいほど明るい照明といえますが、光は広がることもあれば、集中することもあるため、光源から特定の方向に向かっている光の強さには違いがあります。こうしたある方向への光の強さを光度《こうど》といい、単位にカンデラ（cd）を使います。

その光源の照らされた面の明るさの程度を照度といい、単位にルクス（lx）を使います。同じ光源でも照らす範囲や距離が変われば、照度は変わってきます。ちなみに、太陽光の照度は晴天で約10万ルクス、曇天でも3万ルクス程度はあります。これを覚えておいてください。

最近、災害が多いので、ホームセンターなどで売っている明るい照明器具、大きな懐中電灯のようなものを目にした方もいると思います。20万カンデラとか、50万カンデラという、目が潰れそうなものまであります。ある方向へ太陽光並みに強い光を集中させているので、災害時には役に立つのではないかと思います。

ちなみに、一般的に使われている人工の光で一番強いのは灯台の光です。たしか100万カンデラとか、ものすごい強さだったと思います。遠くの船舶から直接、目で見て航海に役立てるもので、しかも、昔からあるものです。どこの国の何という灯台が一番明るいか、興味のある方は調べてみてください。

人間が目にするのは、対象から反射してきた光だけなので、照度を感じることはできません。照度が同じでも、光を反射しやすいものは明るく見え、反射しにくいものは暗く見えます。こうしたある位置から見たときの対象の明るさを輝度《きど》といい、単位にcd／㎡を使います。

蛍光灯には、電球色や昼光色といった発光色の違いがあります。この光の色を数値であらわしたものが色温度です。

熱放射による発光では、発光色と温度に密接な関係があるため、温度で数値化が行われ、絶対温度と同じケルビン（K）が単位に使われます。白熱電球の色温度は約3000ケルビン、昼光色の蛍光灯は6700ケルビンです。

また、照明器具では演色性も問題になります。太陽光と白熱電球ではモノの色の見え方が異なります。演色性《えんしょくせい》がよいとは、自然光の中で見たときとの色の違いが少ないことを意味します。演色性を数値化したものは演色評価数といいます。テレビ、映画、舞台照明は、天気のいい真昼間の外の色の発光度合いが基準になっています。ここをきちっと理解していると、映画、舞台の見方が変わってくるのではないかと思います。

昔の演劇、日本古来の歌舞伎などは、ろうそく的なオイルをたいて照明にしていました。海外のオペラや演劇もそうだったと思います。最近では照明が発達してきて、舞台照明もＬＥＤを使うようになったのですが、それ以前の昼光色の演色評価数に近かった照明は、アーク放電でした。電気溶接するときに、バチバチという光が出ます。あれを照明器具に使っていたのです。

昔の舞台や、１９２０～30年代のハリウッドの古い映画では、夜空に向けて大きなサーチライトで照らしていました。ああいう光の筒が見えるような情景を見たことがあると思います。あれに使われていたのがアーク放電で、一番明るかったわけです。太陽光に近く、ちょっと青っぽい。その金属の素材によって光り方の色が違っていました。

アーク放電はものすごく発熱するので、昔の映画館では、フィルムがひっかかってとまってしまうと、フィルムの真ん中から溶けて燃え出すということがよくありました。

アーク放電は、昔の灯台の照明や、攻めてきた戦闘機や爆撃機を照らすときのサーチライト、舞台のピンスポットにも使っていました。

身の回りの電磁界について

次に、身の回りの電磁界について、環境省の「身のまわりの電磁界について―概要版―」(平成30年4月環境省 環境保健部 環境安全課）を参考に、簡単に説明します。

電波、電波と言っていますが、電波とはどういうものかというと、電磁界のことをいうのです。

電磁界とは、電流が流れている電線などの周りに発生する「電界」と「磁界」の総称です。電磁波とは、電界と磁界が交互に発生しながら空間を伝わっていく波のことです。ですから、電波は、正確には「電磁波」といいます。

その発生の大もととなる電界とは、空間に電気の力が働いている、電位差がある状態のことをいいます。電位差については、後で詳しく説明します。電線などの電流をよく通すもの（導体）に電圧がかかったり、電流を通しにくいもの（絶縁体）などが帯電すると、その周りに電界が発生します。電界の強さは電圧が高いほど強く、発生源から離れるほど弱くなります。

髪の毛を下敷きでこすると、髪の毛が立ちます。下敷きに引っ張られます。あれは、電界状態を直接見ていることになります。

ふだん、送電鉄塔や電信柱に電線が張られているのは見えますが、あそこに電界が発生しているというのは目に見えません。やはり電界強度計という測定器があって、アンテナという棒がついていて、メーターが振れることで強度がはかれます。

次に、磁界とは、空間に磁気の力が働いている状態のことをいいます。磁界は磁石の周りや、電流が流れている導体の周りに発生します。磁界の強さは電流が大きいほど強く、発生源から離れるほど弱くなります。

具体的に言うと、電流が流れている電線が1本あると、その周りに磁石が発生しています。S極とN極が取り巻きながら、電流の周りに磁界が発生しています。

電気と磁石は非常に密接な関係があって、切っても切れません。もっと言うと、同時に発生するのです。この同時に発生する現象を利用して、電磁波というものがあるということに気がつきました。

金属などに電流が流れると、その周りに磁界が発生します。電流の向きが交互に変わると磁界の強さが変わり、それによって新たに電界が発生し、また新たに磁界が発生します。このように、電界と磁界が交互に発生しながら空間を伝わっていく波のことを、電磁波といいます。

電磁界の種類と周波数について

電磁波には決まりがあります。交互に発生する電界と磁界の繰り返しの周期による影響があるのですが、その周期は周波数という概念で説明します。周波数というのは、1秒間に何回繰り返したかという数値で、単位はヘルツ（Hz）です。音波の場合、よく440ヘルツとか、432ヘルツといいますが、1秒間に440回繰り返すから440ヘルツというのです。電磁波の場合も同じ表現を使います。

周波数の低いほうから順に、静電磁界、超低周波電磁界、中間周波電磁界、高周波電磁界に分けられます。

静電磁界は、周波数0ヘルツで、波長は無限大です。

超低周波電磁界は、周波数0ヘルツ〜3000ヘルツで、波長1000キロメートル以上です。

中間周波電磁界は、周波数300ヘルツ〜10メガヘルツで、波長30メートル〜1000キロメートルです。

高周波電磁界は、周波数10メガヘルツ〜300ギガヘルツで、波長1ミリメートル～30メートルです。

これが電磁波の分け方の基準です。

ちなみに、周波数1ヘルツの電磁波が1秒間に到達する距離は30万キロメートルで、これを1ヘルツと決めたのです。地球を7回り半です。地球から月までが38万キロメートルですから、1秒間で月の近くまで飛んでいくということです。

光の速さと電磁波の速さは同じものです。先ほど述べた光源から到達する光のスピードは、1秒間に30万キロメートルです。光は電磁波の一種の可視光線だからです。

ちなみに、高周波電磁界のさらに上の周波数が、目に見える虹の7色になります。全部一緒のことで、振動する周波数が違うだけなのです。周波数が違うから波長が違う。その波長によって性質がいろいろ異なるわけです。

一番低い周波数は0ヘルツ、波長は無限大で、一番高い周波数はX線と言われています。X線はすごくて、人の体や壁を透過して骨やら何やらの写真が撮れます。その中には放射線や放射能も含まれているので、被曝する量によって危ないということは後で説明します。

電磁界はどのようなものから発生しているのか

静電磁界は、レントゲンも含めた医療機器や鉄道などから発生しています。鉄道は、電線から電気を利用して、モーターを回して走っています。あれは電磁界だらけの塊です。実に危ない。電磁波を浴びまくりです。

超低周波電磁界は電力設備や家電製品などから、中間周波電磁界はＩＨ調理器や電子タグ、電子商品監視装置などから、高周波電磁界は携帯電話などの無線機器や携帯電話基地局、ＴＶ・ラジオ放送局、パソコンなどから発生しています。

非常に強い超低周波電磁界の生体作用について

非常に強い静電界の中では、放電による不快感などを生じることがあります。これは世界保健機関（WHO）が言っていることです。

非常に強い静磁界の中で頭を動かすと、めまいや吐き気などを生じることがあります。

非常に強い超低周波電磁界には、体内電界を生じさせ、神経や筋に影響を及ぼす刺激作用があります。これは悪いことばかりではなくて、AED（自動体外式除細動器）にも利用されています。非常事態なので体に電流を流して、心臓を復活させるという高度管理医療機器です。

非常に強い高周波電磁界には、温度を上昇させる熱作用があります。電子レンジでチンすると、食品が熱くなります。まさにこういう現象を利用した製品です。電子レンジができたころに、「中に濡れたネコを入れて乾かさないように」という広告があったぐらいで、そういった事故があったそうです。

電磁界の健康影響についてWHOはどう言っているのか⁉

電磁界の健康影響については、送電線の近くで生活している人は白血病やがんがふえるとか、携帯電話を使用すると脳腫瘍がふえるといった懸念を抱いている方々がいます。これらについて、WHOでは以下のような見解を示しています。

電磁界ばく露によって生じるかも知れない健康影響について、大規模な研究が実施されてきました。これまでに実施されたすべてのレビューは、0～300GHzの周波数を網羅する国際的なガイドラインで推奨されている限度値よりも低いばく露は健康への悪影響を何ら生じない、ということを示しています。但し、より良い健康リスク評価の前に埋める必要がある知識のギャップが依然としてあります。

WHOも、危ないと言っているのです。早い話が、近づいてはいけないということを暗に言っているわけで、皆さん、気をつけましょう。と言っても、今、気をつけられない状況にあります。リモートワークの時代になって、パソコンやスマホでやりとりしないと何もできません。では、被曝にさらされている現代人はどうすればよいのか、大きな課題です。具体的に電磁界ごとに見ていきます。

静電磁界（MRIなど）については、発がん性の証拠はなく、地磁気の数万倍に相当する強い静磁界にばく露される特殊な状況では、めまいや吐き気といった感覚が生じる場合があるとしています。

ＷＨＯはこう言っていますが、早い話、危ないのです。

低周波電磁界（送電線など）については、「全体として、小児白血病に関連する証拠は因果関係と見なせるほど強いものではありません」との見解を示しています。また、その他の疾病についての証拠は「小児白血病についての証拠よりもさらに弱い」と結論付けています。

ゼロではない、全くないとは言えないということを言っています。ということは、あるのです。

ちなみに、私の知り合いの中にも送電線の真下に住宅がある人が結構いて、その方々はことごとく病魔に襲われて、ぐあいが悪くなっているという事実を確認しています。因果関係はどうかというと、ＷＨＯと同じことしか言えないのかなということになるでしょう。

高周波電磁界については、携帯電話基地局など（無線ＬＡＮを含む）では、「携帯電話基地局などからの弱い高周波電磁界が健康への有害な影響を起こすという説得力のある科学的証拠はありません」との見解を示しています。また、携帯電話では、脳腫瘍のリスク上昇との因果関係は確立されていないものの、長期間の使用と脳腫瘍のリスク上昇との関連についてのデータが少ないことから、「携帯電話使用と脳腫瘍リスクのさらなる研究が必要」としています。

やはりゼロではない。ないとは言い切れない。危ないと、ＷＨＯがちゃんと言っています。言っていないという話はありません。

また、電磁過敏症（電磁波過敏症）に関しても述べています。

国際的なガイドラインの指針値よりも遥かに低いレベルの電磁界ばく露により、頭痛や睡眠障害などの不特定の症状が生じるのではないかという、いわゆる「電磁過敏症」について関心が高まっています。これについてWHOは、「電磁過敏症の症状を電磁界ばく露と結び付ける科学的根拠はありません」との見解を示しています。

WHOは、なぜこのように項目別に言っているのか。ないとは言えないから言っているということです。

電磁界の医療機器への影響について

電磁界は、電気・電子機器に誤作動などの影響を及ぼすことがあり、特に心臓ペースメーカなどの植込み式医療機器については、装着者に健康影響が生じる恐れがあることから、装着者や医療従事者、機器製造者などが情報を共有し、影響の防止に努めていくことが重要です。

影響するので危ないということです。電車の車両の端にペースメーカー装着者用の席があります。そこでは「携帯の電源は切りましょう」とちゃんと書いてあります。

国際的なガイドラインの読み解き方

環境省の「身のまわりの電磁界について―概要版―」には、次のように書いてあります。

非常に強い電磁界に人体がばく露されると、健康影響が生じる恐れがあります。この健康影響から人体を防護するため、どのようにばく露を制限したら良いかを示すのが、ガイドライン（防護指針）です。電磁界の物理的性質は科学的に十分に理解されており、人体への作用についても、長年の研究から多くのデータが蓄積されています。ガイドラインは、このような確立された科学的知識を基に作られています。

最も広く利用されているのは、WHOが正式に認知している非政府機関である国際非電離放射線防護委員会（ICNIRP）のガイドラインです。

ICNIRPガイドラインは、刺激作用や熱作用により健康影響を生じることがわかっているばく露レベルに対して必要に応じて安全上の余裕を盛り込んで、指針値を制定しています。

ICNIRPガイドラインは、欧州連合（EU）理事会がEU加盟各国向けの勧告に採用しているのをはじめ、アジア、オセアニア、アフリカ、中南米など、世界中の約150ヵ国で採用が進んでいます。

そういうガイドラインがあって、電磁波にさらされたときには気をつけましょうということが書いてあります。

日本での生活環境中の電磁界レベル

日本では、どうなのでしょうか。

日本では、送電線などの電力設備や、携帯電話基地局などの無線設備、携帯電話などの無線機器について、それぞれの周波数に対するICNIRPガイドラインの指針値と同等の規制が実施されています。

具体的に、日本での生活環境中の電磁界レベルは、環境省のパンフレットによると、以下のとおりです。

> 日本での生活環境中における電磁界のレベルは、人体への影響が生じるとされているレベルの数千分の1から数十分の1以下、ＩＣＮＩＲＰガイドラインの指針値の数百分の1から数分の1以下です。

では、どこが安全なのか。はっきり言うと、テレビ番組「ポツンと一軒家」のようなところしかありません。しかも、送電線が近くにないことが条件になります。皆さん、気をつけてください。

電位差とは何か⁉

電池には、1・5ボルトとか、3・7ボルトのリチウム電池等の種類があります。これはなぜ1・5ボルト、3・7ボルトと言えるのでしょうか。マイナスの電極とプラスの電極に測定器を当てたときに、メーターが振れるレベルに差があるからです。これを電位差といいます。

水が高い山から低地に向かって川となって流れるのと同じで、そこに電気の高さの差があるわけです。

サウンドヒーリング実習教室

Section ②

触れてはいけない!? タブーを語ります！「日本の100Vって世界標準なの？」

2022年３月12日（土）
Hi-ringo-Yah!

今の子は、１００Ｖを知らない

日本の電気が１００Ｖだということは、大人は大体知っています。

私は、高校を卒業した子たちに電気、電子、音響を教えていますが、今の子たちは１００Ｖということをほとんど知りません。百均やコンビニで売っている１・５Ｖの乾電池の存在すら知らない子が大半です。

今の子たちは、雑巾を絞ったことがない。鉛筆削りを知らない。卵が割れない。もっとひどいのは、水道の蛇口をひねることを知りません。今、生活の中で、ひねったりねじったりすることが必要な場面はほぼないのです。水道の栓はレバー式だし、家のドアノブは握るだけ、押すだけです。スマホにさわるだけで全部、事足りるので、それ以外の余計なことを知る必要がないのです。

現実問題として、一々必要なんだということを理解しないで育ってきたということを認識していただいて、そういった機会があったら教えてあげると親切なのではないかと思っております。

直流と交流の違い

日本の電圧は１００Ｖで、しかも、関東地方は50サイクル、関西は60サイクルという周波数です。静岡県の富士川と新潟県の糸魚川を境にして、西側の電力エリア（60 Hz）と東側の電力エリア（50 Hz）で分かれています。

電気の正体は電子です。電子は見えませんが、その振る舞いの仕方によって、直流と交流という2種類の電気があります。

テレビの中で使われているトランジスタ、ＩＣは、いずれも電子の動きを利用したものであり、全て直流で動作します。壁のコンセントに挿《さ》すときは交流なのですが、その交流をテレビの中では直流にして扱います。テレビ、パソコン、全部そうです。

スマホに充電するときのＡＣアダプターは、交流を直流に変換するインバーターというタイプの変換器です。インバーターの基礎を発明したのが、ニコラ・テスラ先生です。交流を直流にして、電子回路の中で便利よく扱えるようにしたところが偉い。エジソンさんは直流にこだわって、最初から電池ありきでやっていたのですが、テスラさんは交流を直流に変換したほうが便利で、将来はそうなるよという先見の明があったのです。テスラさんはオカルトとかマッド・サイエンティスト的なイメージがありますが、純粋な研究者でした。

直流と交流との違いは、横軸を時間、縦軸を振幅とすると、直流では振幅は一定ですが、交流では時間とともに振幅が周期的に変動しています〈次頁図1〉。要するに、時間が経過しても電圧の変動がないのが直流で、時間の経過とともに電圧が変動しているのが交流です。

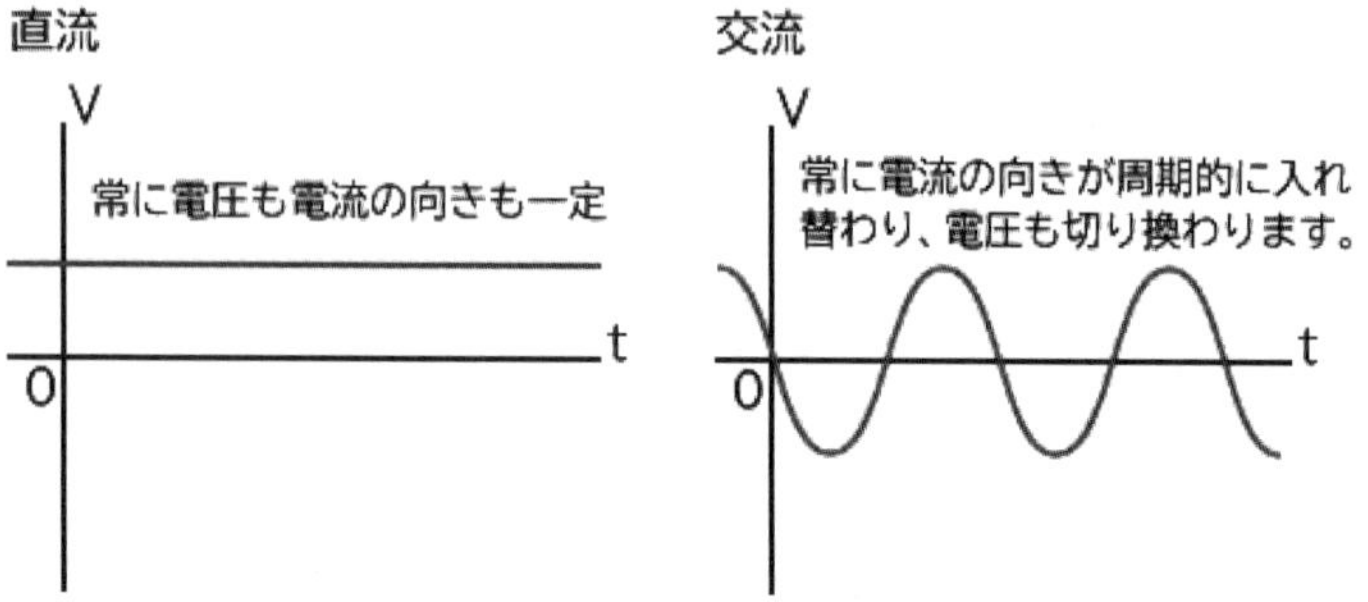

図１　t＝時間の経過

テスラさんが、電圧の周期性をつくったのです。ここが偉かった。そのときに開発した交流発電機は、今現在、ウクライナの原子力発電所でも、日本でも使われています。風力だろうが、火力だろうが、原発だろうが、電源は全部交流の発電機で賄っています。

なおかつ、この電源はためておくことができません。今ここで光っている電球の電源の１００Ｖの交流は、発電所で今つくっている電気が流れてきているのです。これが大問題です。後でその解決方法をお話しできたらと思っています。

直流を得る代表的な方法には、物質の化学的反応から直流を得る、光エネルギーが直接電気を得る、直流発電機から直流を得る、交流を整流して直流を得るというものがあります。

電池には化学電池と物理電池がある

電池は、化学電池と物理電池に大きく分かれます。

化学電池は1次電池と2次電池に分かれます。1次電池には、マンガン乾電池、アルカリ乾電池、酸化銀電池、リチウム電池、空気電池の5種類があって、2次電池には、ニッカドバッテリー、ニッケル水素バッテリー、リチウムイオンバッテリー、鉛バッテリーがあります。

1次電池と2次電池の大きな違いは、1次電池は充電できないので使い捨てです。2次電池は充電できるので何度でも使えます。ところが、まだ大電力が扱えません。手元の小さなスマホとかリモコンで使うのがせいぜいです。2次電池が大電力で扱えるようになれば、発電所は好きなときに稼働して、あとは休んで、ためた電池を使えばよい。ためた電池がなくなってきたらまた発電するというように、効率的に回していけます。そうすると、経済もより効率よく回るから、みんながリッチになります。

今は石油も石炭もどんどん燃やしています。後でお話しするように、電圧100Vも世界最低なので、効率は最悪ですが、石油や石炭の輸入元、要するに、エネルギー産業にかかわっている既得権益の人たちはジャブジャブ儲かる。効率なんか上げられたら俺たちの儲けが減るだろうと、許さないというのが現実です。

今、その人たちに危機が訪れています。ウクライナで戦争をやっています。怒った大統領が、西側諸国に行くエネルギーをストップする。日本は外国から持ってくる石油が頼りですから、発電できません。既得権益の人たちとて、違う方法に変えるしか生き延びる道がないのです。そうすると、変わってくることもあるかもしれません。

物理電池の中には、太陽電池と燃料電池があります。今のところ、実用化されているのはこの2つしかないのです。

太陽電池は太陽光パネルです。太陽が当たっているときしか発電できないようにつくったから、暗くなったら使えません。

燃料電池は、自動車にも応用されています。水素エンジンで走る車はみんな燃料電池を使っています。最近はバスも実験的に走らせています。都営バスは緑色の車体ですが、時々、東京駅とか秋葉原界隈で真っ黒のバスが走っています。車体に「FUEL　CELL　BUS」と書いてあります。石油頼りの人たちがどんどん追い詰められていって、どうなるかが今後の問題です。

交流の正弦波について知る！

交流は、基点を0Vとすると、電圧が周期的にプラス側とマイナス側に変化します。

磁界の中で導線を動かしたことによって生じた電流を、枠の回転に応じて連続して外部に取り出すため、導線にスリップリングをつけ、これにブラシを接触させて電流を取り出しています〈図2〉。

S、Nという磁石のブロックのそばに導電体である電線を近づけると、電流が流れ始めます。磁石の磁場の影響によって、電線の中の自由電子が動き出すことをファラデーさんが発見したのです。

SとNの位置によって、電流の向きがひっくり返ります。枠の回転により、

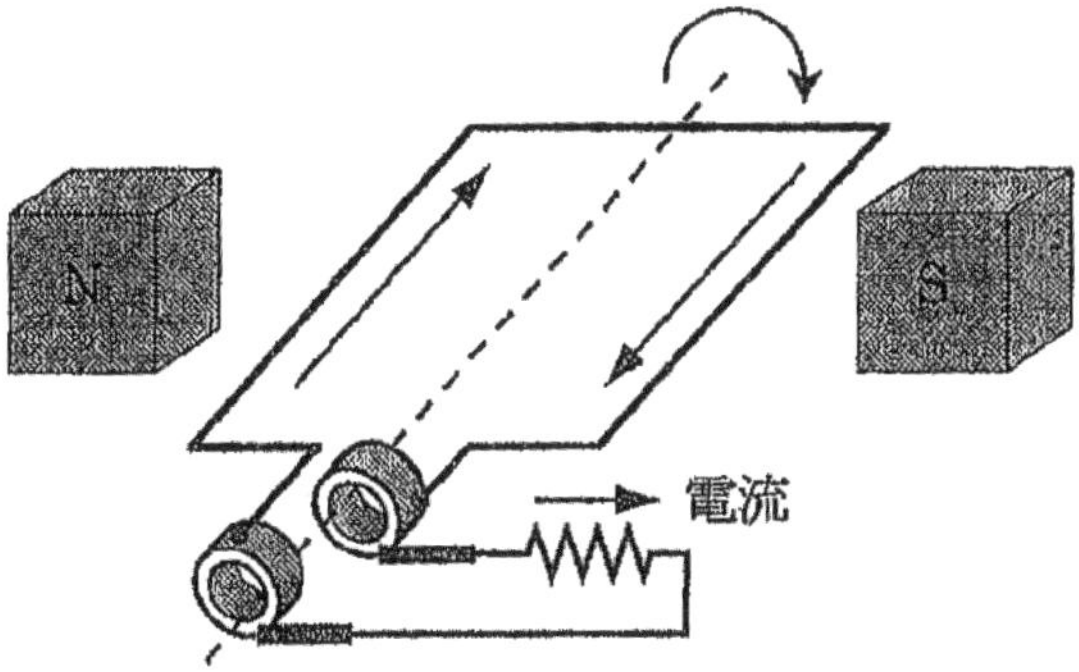

図2

一方の磁極に近づくと電圧がどんどん上がって電流が流れ始めて、ピークに到達します。磁石が遠ざかると反対側の磁極に近づくから、電流が反対の向きに流れ始めます。プラス側に流れた電流が、ある基点を過ぎるとマイナス側に流れ始めて、時間の経過とともに電圧の変動を生じさせる。

水力や火力による蒸気など、外部の力により枠を回転させます。石油や石炭を燃やして、その熱の気流を利用して、タービンという複雑で大きな扇風機を回転させるのです。その軸の先端にファラデーさんの考えた電線をつけて、周りに磁石をたくさん置いておくと電気が得られる。これが発電所の仕組みです。

　これを交流電流とか、交流電圧と表現します。場面によって言葉を使い分けているだけで、同じことです。この交流が時間的に変化する様子をあらわした曲線を、正弦波（サインカーブ、サインウェーブ）といいます。

サイン、コサイン、タンジェントは三角関数の説明の呼び名で、時間とともに均等に変化していくのがサインカーブです。コサインカーブは時間軸の位置が最初から90度ずれていて、タンジェントカーブはもっとずれています。あまり一般的ではないので研究者ぐらいしか使いませんが、サインカーブぐらいは知識として覚えておくといいと思います。

　数学的には、縦軸をy、横軸をx、振幅をαとすると、$y = \alpha \sin x$ であらわされます。今の電気時代、この式を知っておくと、知ったかぶりができます。これは$E = mc^2$ぐらいの事柄をあらわしていると言っても過言ではありません。私たちに身近な事柄なのです。

　$\alpha \sin x$ を角速度（ω、オメガ）といいます。これは専門的になってくるので覚えなくていいですが、交流のさらなる理解を深めるときに役立ちます。

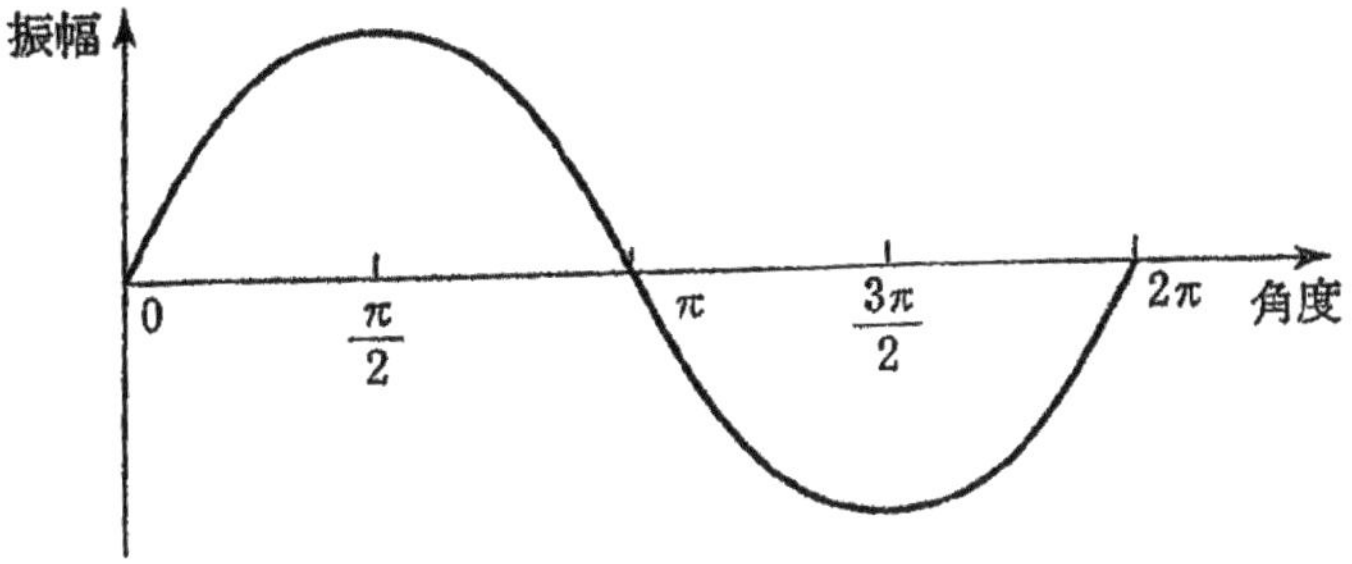

図3

サイン波の1周期を、360度という角度で表現する方法があります。

コイルばねを束ねて上から見ると真ん丸の円です。そのばねの頭と尻尾をビョーンと引っ張って90度曲げるとサイン波になります。ばねを横から見たらサイン波ですが、正面から見ると、くるくる回ってつながっていく螺旋です。回転の表現の仕方と、時間の経過による位置で、この図になるわけです〈図3〉。

πは円周ですから、π／2は90度の位置、πは180度の位置、反対側から一周すると、もとに戻って2π、360度のことです。「π／2は90度、πは180度、2πは360度」と書き込んで覚えるとわかりやすいと思います。

図2（57頁参照）から枠が1回転すると、正弦波の最小単位の形がつくられます。時間の変化で0から360度まで、このような形となる変化を1サイクルといいます。

家庭のコンセント交流100Vの意味

ここからが今回のメインテーマである交流の大きさの表現です。

ここまでは主として交流の時間的変化に着目してきましたが、ここでは大きさの変化に着目し、壁のコンセントの交流100Vの意味について学びます。

電気には直流と交流があることは、既に学びました。両者の違いは、振幅が一定か変動しているかです。両者によるエネルギーを比較するとき、交流は変動しているため不便です。そこで直流を流したときに発生する熱量と、同じ熱量が発生するような交流の振幅を決めておけば便利です。この一言をぜひ知っておいていただきたいのです。

このときの振幅を実効値（effective value または root mean square value）といい、電圧では Vrms であらわします。

交流の振幅の表現は、どこからどこまでをその値とするかで変わってきます。中心から振幅の最も大きなところまでを最大値（maximum value）Vm、最大値の1／ルート2の値のところまでを実効値 Vrms、ピークからピークのところまでをピークトゥピーク値 Vp-p であらわします〈図5〉（63頁参照）。

これはわかりにくいのですが、これらの3つの間には、次の式の関係があります。

$V_{rms} = V_m / \sqrt{2}$

$V_m = V_{rms} \times \sqrt{2}$

$V_{p\text{-}p} = V_m \times 2$

ここまでの数式を、概念でいいですから、ちょっと知っておいていただけると、次がわかりやすくなります。

図４の波形は、数学的に $y = \alpha \sin x$ でした。これをωといいました。これは瞬時値といって、最大値×波形の形になっているので、これに似せて図５の波形を次のようにあらわします。

着目しているのが電圧ならば電圧の、着目しているのが電流ならば電流の、瞬間瞬間の値を瞬時値といいます。すると電圧の瞬時値ｖ、電流の瞬時値ｉは、

$v = Vm \times \sin\theta = Vm \times \sin\omega t$

$i = Im \times \sin\theta = Im \times \sin\omega t$

となります。

こういう数学的な概念は、理屈の中の物理的な表面を数値化するときに便利なので、ちょっと踏み込んで覚えておいてください。

波形を目で見られるようにした測定器にオシロスコープがあります。波形を見るブラウン管で、よく医療系の番組に出てくる心電図もオシロスコープです。交流の波形が、ちゃんと正弦波で見えます。

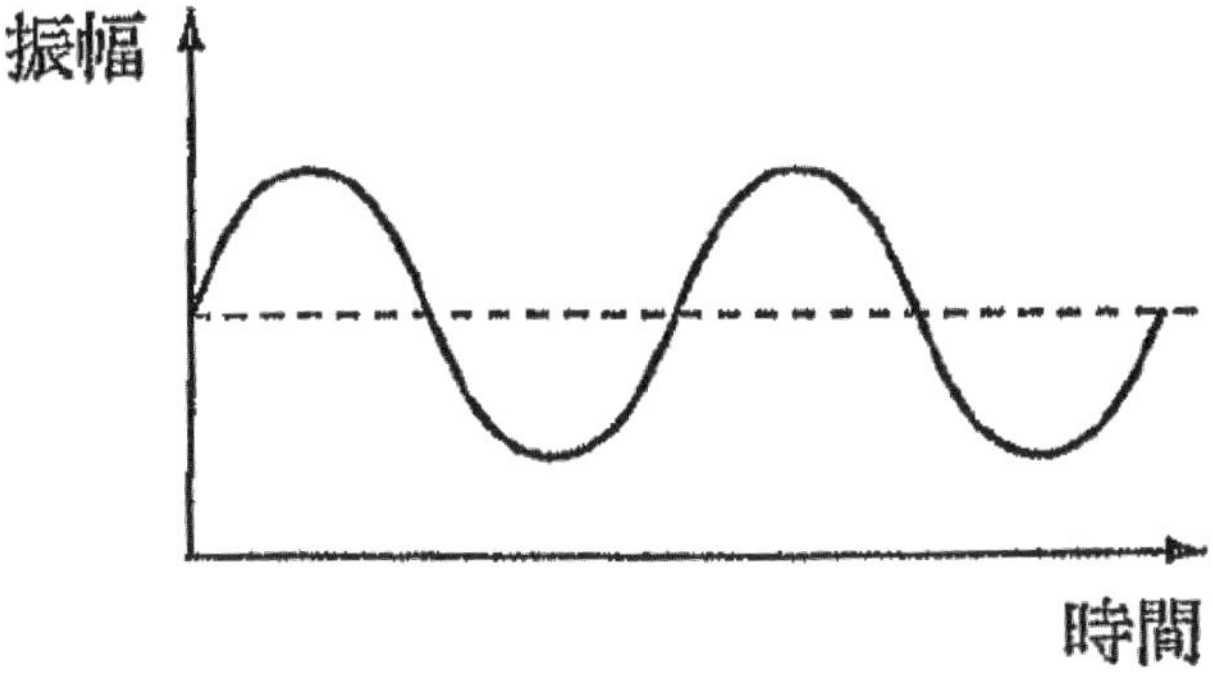

図 4

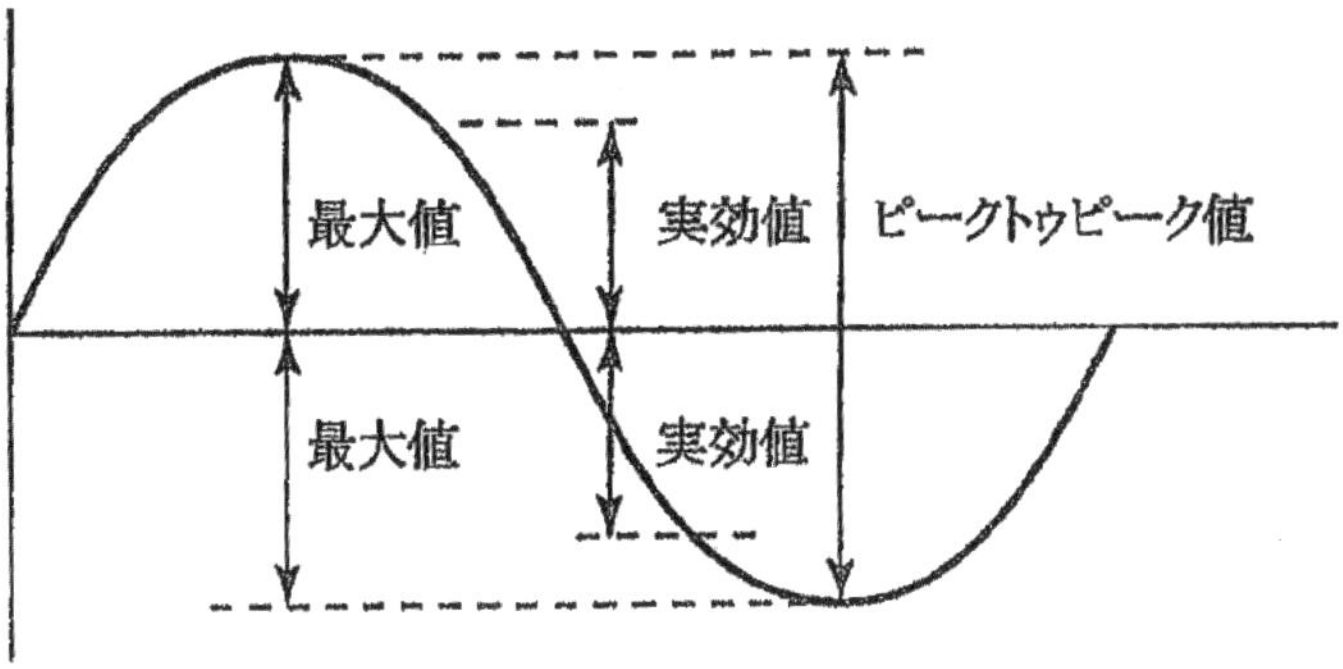

図 5

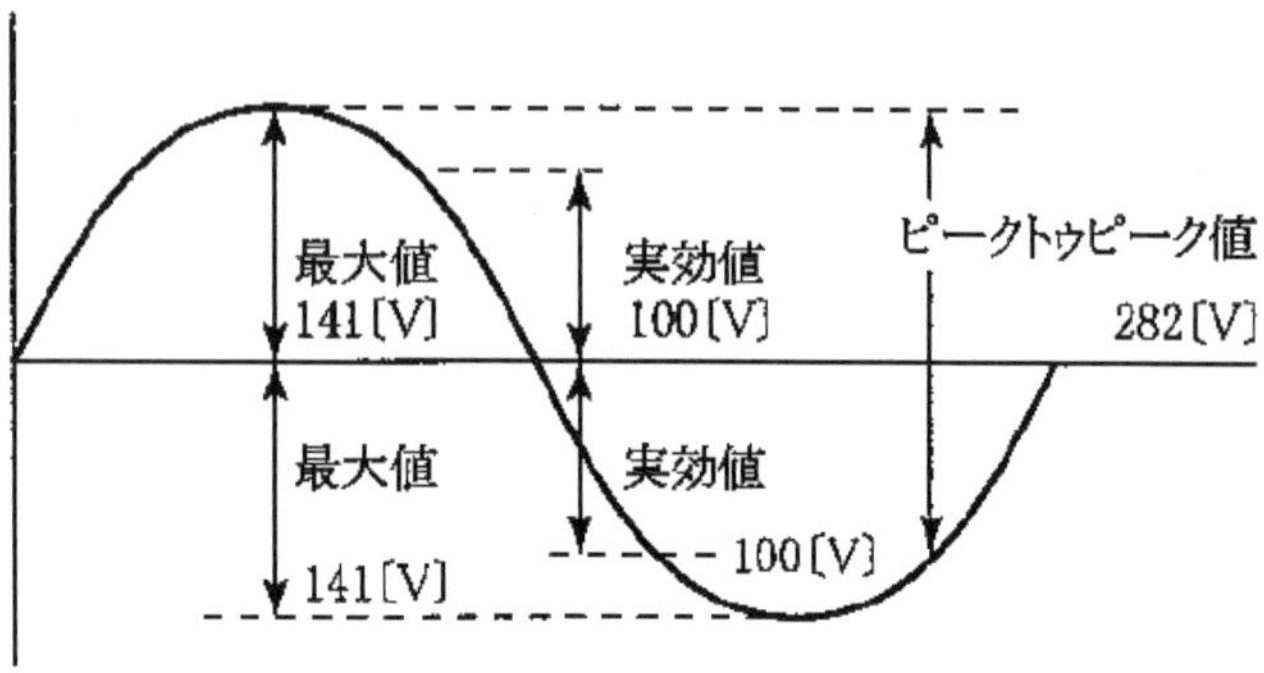

図６

この測定器で壁のコンセントの１００Ｖを観測すると、各項目は図６のようになります。ただし、値はルート２を１・41としてあります。

初めてこの波形を見ると測定ミスと思うかもしれませんが、ふだん何げなく口にしている１００Ｖも、実は最大値は１４１Ｖもあるのです。半分だけで１４１Ｖで、もう半分も１４１Ｖあるので、ピークトゥピーク値は２８２Ｖもあります。つまり、実効値が１００Ｖであったということなのです。

ルート２を１・41としたのが１００Ｖですが、root mean square（実効値）というのはそこから来ています。これを計算で覚えるのはちょっと……という学生には、絵でわかりやすく説明しています。

壁のコンセントの最大値は141Vで、ピークトゥピーク値は282Vの振幅があるから、感電すると実は282Vが体に流れてしまいます。危険です。

141Vのルート2で100Vとすると、大体2／3ぐらいの電圧になります。なおかつ、時間軸π／2で切ると、この面積は、後でオームの法則を勉強するときに出てきますが、時間×電圧＝電力です。計算すると、この面積は、正弦波のπ／2の面積とイコールになって、トータルとしては全部rmsで埋まります。そうすると、直流の表現として100Vになって、エネルギー計算がしやすい。これが、日本の電源事情は100Vと言っている理屈です。

皆さんのご自宅にブレーカーがあります。東京電力とか、今は自由化ですからどこかの電気屋さんに見てもらうときに、50Aとか、40A、30Aという契約があります。うちは家電製品が多いから50Aにしようとかいうのは、これをもとに計算します。100Vでどれだけエネルギーを使うか。40Aは、100V×40Aです。

例えば、電子レンジは一気に10A使います。40Aは、電子レンジ4台を一度に使ったら限界だという計算が成り立ちます。冷蔵庫は0・1〜0・75Aぐらいですから、電気代はそこそこかかりますが、1年中つけっ放しです。電子レンジを1年中使っていたら、プロのお店ぐらいの電気代がかかってしまいます。

この繰り返しの周期1サイクルは、ヘルツと違うのでしょうか。ヘルツも周波数のことですが、1回の周期が1秒間であったときにだけヘルツという言葉を使います。10秒で1周期のときはヘルツは使いません。

例えば1秒間に1000回繰り返したら、1000サイクルです。ピアノのA（ラ）の音は440サイクル、440Hzです。440Hzではダメで、432Hzがいいとか、528Hzがいいとかいう話がありますが、周波数とヘルツとサイクル、全部違うので覚えておいてください。例えば2・54秒間に1000回だったら、これは1000サイクルで、三百九十何Hzになります。

世界で日本だけ！　関東は50Hz、関西は60Hz、なぜ周波数が異なるのか!?

周波数は地域によって異なります。明治時代に我が国が発電機を2つの国から輸入したためです。東京電灯会社はドイツから50Hzの発電機を輸入し、大阪電灯会社はアメリカから60Hzの発電機を輸入したため、関東側は50Hz、関西側60Hzになっています。1つの国の中で地域により電圧が異なることはありますが、周波数が異なることは非常に珍しく、世界で日本だけです。私がいつも日本は世界最低の国であると言っているのは、このことです。

しかも、100Vの電圧を使っている国は、世界中で今や日本しかありません。20～30年前までは、かつて日本が統治していた韓国と台湾で、100Vが残っていたのですが、みんなやめて世界共通の240Vになりました。日本だけが100Vを続けている理由は、効率をよくすると既得権益の人たちが儲からなくなってしまうからです。

外国並みに240Vにすると、効率が2・4倍になります。同じ電力を得るために、日本は石炭が2・4倍必要です。たくさん輸入してジャブジャブ使うから、既得権益の人たちは儲かります。

その理屈を、今までの基本の原理で説明します。諸外国の電圧は国によって異なり、一般に日本より高く、110V、120V、220V、240Vなどがあったのですが、今は240Vがほとんどになりました。アメリカだけがまだ120Vです。電気を発明した国ですから、効率がどうのこうのという話ではなくて、プライド的に譲れないのです。頑固でしようがない。これはテスラさんのせいです。

周波数の違いは、その機器が周波数に依存する部品、例えば交流モーターなどを使っているかどうかで、性能にわずかではあるが差が出てきます。電圧の違いは、トランスまたはスライダックで加減しないと致命傷になります。

実効値が２４０Ｖの場合、最大値は１・41倍ですから３３８・４Ｖです。ピークトゥピーク値は６７８・８Ｖで、感電したら危ないということだけは覚えておいてください。

オームの法則（抵抗）を知る

オームの法則は、本日のメインテーマを理解する上での知識になります。

電池と抵抗器に電圧計と電流計が接続してあることを示すとき、実際の部品による図を実体図といいます〈次頁図7〉。これを図記号を使って書いた図を回路図といいます〈次頁図8〉。

家で使う掃除機、ヘアドライヤー、電子レンジ、冷蔵庫は全て電気を消費する物体ですから、抵抗であらわします。

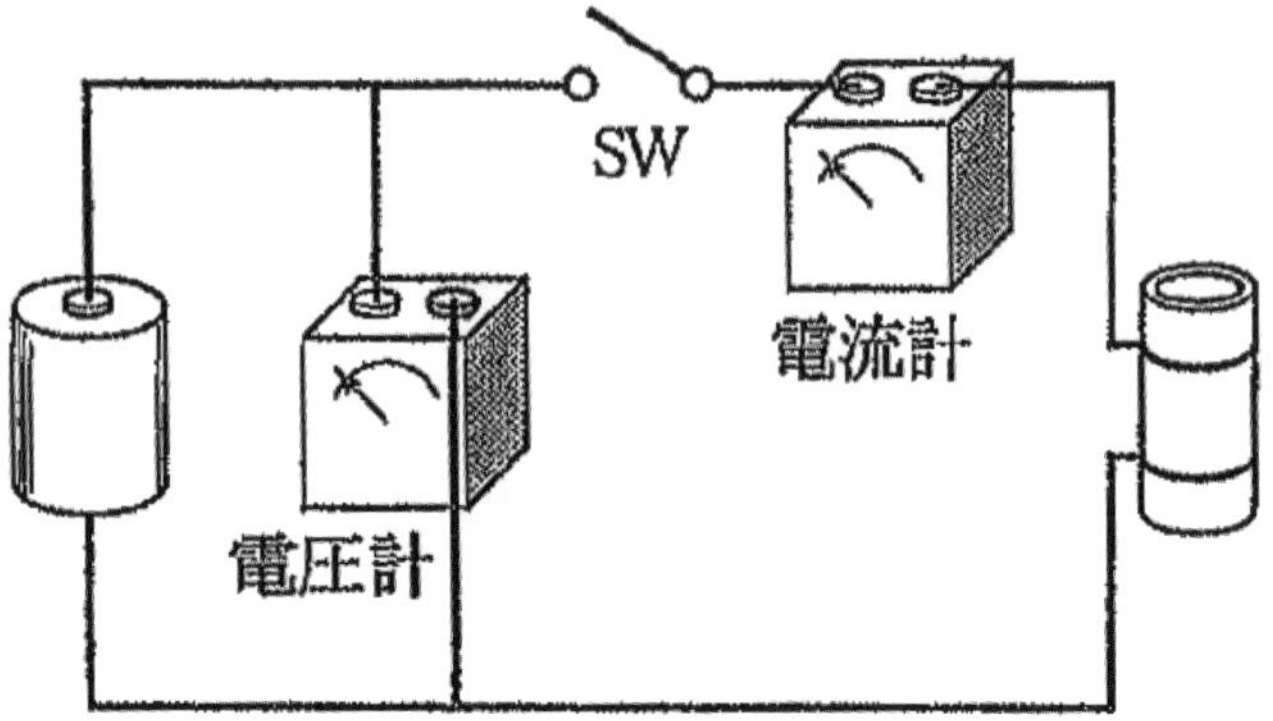

図 7

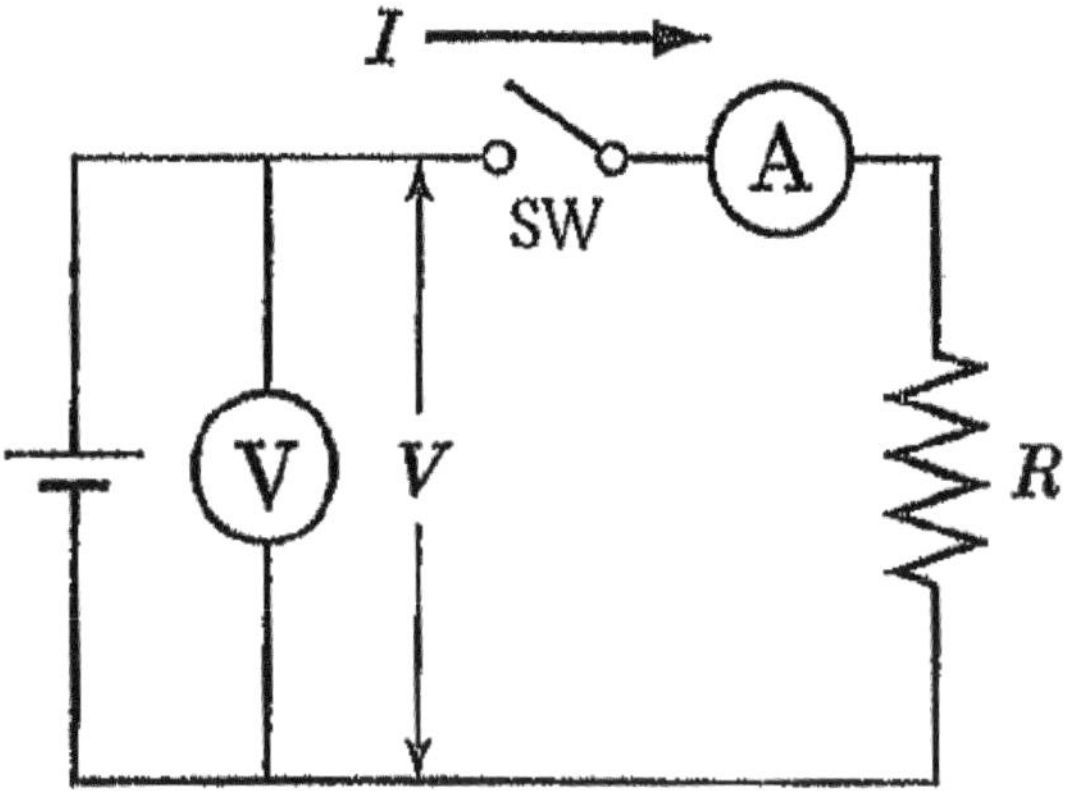

図 8

図8において電池の電圧をVとすると、電圧計は電池の電圧を示すからⓋです。100Vと考えて結構です。Ⓐは電流計です。スイッチ（SW）を閉じると電流が流れますから、電流計の表示をIとすると、この電圧Vと電流Iと抵抗Rの間には、次の関係があります。

I＝V/R

これを「オームの法則」といいます。この式は、数式の変形により次のようにも書けます。

V＝I×R　R＝V/I

この3つの式で、オームの法則が成り立っています。3つしかない簡単な法則なのですが、小学校3年生程度の知識で解ける法則で世の中は回っているのです。

例えば、家庭用のヘアドライヤーは800〜1200Wぐらいです。ワットは電気エネルギーをあらわし、電力（P）といいます。

P＝V×I〔W〕

これは4つ目のオームの法則です。この4つを覚えておいてください。

仮に1000Wのヘアドライヤーとすると、Vは100Vですから、Iは10Aです。10Aを先ほどのI＝V/Rという式に当てはめると、Rは10です。10オームと表現します。

この法則に海外の電圧の240Vを当てはめると、240／10で、Iは24になります。同じ電力を使っても電流が増えています。電圧が高いと電力が効率よくたくさん使えるのです。

電線に使う銅の量は世界の2・4倍、電力の効率とは⁉

電力をどれだけ効率よく使えるかということで、導線の抵抗による電圧の変化、イコール電力の変化を考えてみます。

導線という導電体は、電気をよく通す物質です。自由電子の数が多い物質なので、一般的には金属全般です。金属の中でも自由電子の数が一番多いのは銀で、銅、金、アルミという順番です。銀は一般的に腐食しやすく扱いづらいので、2番目の銅を使います。量もたくさんあるので、電線はみんな銅線になりました。部屋のコンセントの内側をはっているケーブルは、ほぼ銅です。電車のパンタグラフを見ると、電車がしょっちゅう通過していますから、錆びていなくてピカピカの銅の色です。

電圧が高い国は、同じ電力、電圧を消費するのに、電線に使う銅の量が日本の100／240、つまり1／2・4で済んでしまう。100Vの日本は、銅の量を2・4倍使っているのです。銅を輸入している商社は、電圧が低いおかげでずっと儲けっ放しです。

水道管が細いと水量は少なくなり、距離が長いと管の抵抗も増えてきます。電線に使われる導線の抵抗も同様で、電線の直径（断面積）が小さければ抵抗は大きくなり、長さが長いと抵抗は大きくなります。

よって、導線の抵抗Rは長さLに比例し、断面積Sに反比例すると言えます。つまり、距離が長くなる送電線や大電流が流れる車のブースターケーブルには太い線を使うことになります。このほか、抵抗は材質や温度でも変わってきます。

一般論では、抵抗の低い太い電線を使えば電流をたくさん流せます。髪の毛のように細い抵抗の多い電線を使うと、同じ長さでも流せる電流の限界がすぐ来てしまいます。電流をたくさん流したければ、抵抗と長さに見合った電圧で扱えばいいということです。一言で言ってしまうと、適材適所ということです。

これを日本の100Vと諸外国の240Vの違いに当てはめると、240Vの国は日本の1／2・4の太さの電線で同じ電力が賄えます。日本も100Vから240Vに切りかえれば、使っている送電線から、電信柱の電線から、各家庭の中の電線から、太さが1／2・4で済むのです。日本中で使っている銅の量も少なくて済む。おカネがセーブできます。私たち一般人にとっては、いいことです。

ところが、既得権益の人たちは、それでは儲からなくなってしまうから、俺たちの取り分が１／２・４になる、「ちょっとね」という話です。

電圧を上げると、一般家庭に引き込む電線、電信柱の電線も細くて済むのです。日本以外の２４０Vの国に行くと、使っているブレーカーが小さい。日本の１／４ぐらいのサイズで間に合うのです。各家庭の掃除機やランプの電線も、こんな細いのを使って大丈夫なのというので普通に生活しています。

ということは、重量も減るし、効率もよくなるし、その分、ほかの生活におカネを使えるから、実は国トータルとして考えたらいいことなのです。既得権益の人たちは超カネ持ちになっているからそんなの関係ないのですが、突き詰めていくと、その人たちの子孫全員の生活が豊かになります。効率がいいということは、そこにつながるのです。

もっと身近な話だと、周波数は関東が50サイクル、関西が60サイクルで、関西のほうが効率が20％いいのです。冷蔵庫の効き方が全然違います。消費電力も2割少ないので電気料金も楽です。

日本国内で周波数が2つもあって、しかも、両方とも100Vで世界最低です。日本だけです。それは世代交代してもらわない限り、変わっていきません。ところが、今（ロシアとウクライナが）もめていて、その影響でエネルギー問題が効率のいいほうに傾きかけているから、既得権益の人たちは、きょう現在、枕を高くして寝られないでしょう。世界情勢を見ていて、気が気ではないと思います。私がそっち側だったら、そうだと思います。

真水は絶縁体、電気を通さない！

物質には、導体と半導体と絶縁体の3つがあります。一言で言うと、自由電子の量の違いです。

絶縁体には、プラスチックとかゴム、純水があります。「濡れた手で電源周りをさわるな」という注意書きがよくありますが、実は水道水だったら大丈夫なのです。よく映画で、バスタブの中に電化製品を入れてビリビリと感電させるというシーンがありますが、あれはウソです。都市伝説になっています。海水とか、ものすごい塩水とか、有機物のお風呂に入っていると電流が流れるので危ないのですが、真水は電気を通さないということを覚えておいてください。

実は真水といっても、万が一、危ないときもあります。ものすごく汗をびっしょりかいていると、汗は海水と同じぐらい塩分があります。要するに、有機物がたくさんあると電流が流れやすくなります。

電源に指を突っ込んだら、電極に指が直接触れます。人間の体は絶縁体ではありません。電流が流れますから感電します。しかし、電線の片側だけさわったのなら、大して感電しません。グラウンドの０Ｖと電線を両方さわると電流が流れます。電圧が高いと危険ですから、注意書きには「やめておこうね」とは書かないで、「ダメだ」と書いてあります。

真水は絶縁体といっても、高圧だったら危険です。雷と同じで、打たれて終わります。では、何ボルトから危ないかといったら、直接さわると危ないのは42Vと言われています。電気工事をする人たちは100Vぐらい平気でさわっていますが、本気で握ったら危ないのは42Vと、よく言っています。「死に(42)ボルト」という都市伝説ですが、電気工事屋さんはみんなそう言っています。

私も42ボルトは危ないと思います。オームの法則で、電圧でなくて、体の中にどれだけの電流が流れるかで決まります。感電してピリピリと感じるのは1~10mAぐらいで、コンセントにさわってビリッとくるのはせいぜい10~20mAです。100mA(0・1A)を超えると本気で危ないそうです。ぐっとさわって100mA流れたら、感度のいい人は心臓麻痺を起こすと言われています。

私たちはアンプをつくるときに、電極をさわってしまうことがあるのです。真空管のアンプは電圧が高く、400Vとか600Vぐらいです。それに触れてしまうとピッときて、体がガクッと落ちます。それが200~300Vぐらいのときに素手で電極をさわってしまったときの感覚です。イヤな重い気分がずっと残ります。

電気椅子は、頭を坊主にしておいて、塩水を塗って電流を流れやすくして電極をつけます。椅子の反対側に銅でできた電極があって、死刑囚が感じないように麻酔薬を使って執行するのです。電流が確実に流れるようにしています。日本は絞首刑ですから、電気椅子はありませんが……。

実は電気の話をきっちり知ると、いろいろご理解が進んでわかってくるので、いいことではないかと思います。

質疑応答

問　先生は今まで日本の100Vのデメリットばかりおっしゃっていましたが、もしかしたらいいところもあるのですか。

藤田　感電しても、そう簡単に死なないことです。しびれても、しぶとく生き残れます。240Vのピークトゥピーク値は678・8Vですから、一発でアウトです。そのぐらいがメリットです。あとは本当にメリットがないです。

問　100Vを240Vにすることで、日本の国全体で銅線の量と金額はどれくらいセーブできるのですか。

藤田　具体的に調べたことはないのですが、簡単に言うと1／2・4です。しかも、発電の仕組みまで変えるべきで、日本は240Vにして、なおかつ60Hzにすればいいのです。

60Hzは、タービンが1分間で3600回転します。3000回転だと50Hzです。日本の発電機は、実は50Hzと60Hzをスイッチで切りかえられます。日本中で同じ発電機を使っています。ほとんどがT社とG社です。それは調べました。

原発も最終的には熱でタービンを回しますから同じです。50用、60用を別につくるのは大変ですから、同じものをつくってスイッチで切りかえればいいので、簡単にできます。

テスラさんが交流の発電機を発明したから、そういうところにつながるのです。そこはテスラさんがダントツにすごいです。

エジソンさんは直流にこだわってしまった。エジソンさんは、電気理論、電気知識は全くダメだったみたいです。確かに電球を発明しているのですが、ちょっと偏っている。エジソンさんは、テスラさんが自分のところに来て、後半、袂を分かつのですが、偉い発明はテスラさんが全部しちゃった。蛍光灯もテスラさんの発明です。その後、やることがなくなってしまって、幽霊の探知機とか、オカルトに行ってしまうのです。

ホントはおかしい⁉　日本のインフラの裏事情

ついでの話ですが、今ついている電灯は、東京都内だと千葉の先の火力発電所で発電しています。その発電所でできたばかりの電圧は、実は100万Vとか50万Vです。機械によって違います。50万V（500kV）という電圧で送ってきているのですが、変電所のトランスの相互誘導で、フレミングさんの法則を使って電圧変換します。トランス1つだけで簡単に電圧が変換できるので、交流になったのです。

その理論で言うと、50万Vもあるのだから、100Vまで落とさなくても、240Vのトランスをつけておけばいいのではないか。日本では電信柱の上に柱上トランスが載っていて、それがそれぞれの地域に分配しているのです。トランスの容量に応じて地域の分配量が違うのですけれども、そのトランスまでは6600Vで来ています。これは決まりです。

6600Vの柱上トランスは、落雷して燃えても一般家庭に6600Vが通らないように、真ん中の0Vというところを地面のアースに落としています。壊れて漏電しても地面に6600Vが行って、家庭には来ないようにちゃんと仕組んであります。

柱上トランスのある電信柱をよく見ると、緑色のアースが電信柱の横にヒョローッとはって、地面に埋まっています。見ていただくと、今言ったことが確認できると思います。

その6600Vから、実は200Vまではつくってあるのです。200Vのエアコンを使っているお宅もあると思います。100Vのエアコンより効率が2倍だから、電気料金は1／2です。

11年前の東日本大震災、津波のときに、関東以北の電気はみんなとまりました。節電しなくてはいけないので、区域ごとに計画停電をしました。あのときに切りかえればよかったのです。私は、ある関係者に言ったのですが、聞き入れてくれませんでした。既得権益の人が儲からなくなってしまうのだから、許すわけがありません。

あの時関西は全然潰れなかったので、関西から電気を供給してくれと頼みました。ところが、関西は60サイクルだからつながりませんと言われたのです。これは全くのウソです。知識がないと、ああ、つながらないんだ、しようがないなと諦めてしまう。

50サイクルから60サイクルに持っていくのは結構大変ですが、60サイクルから50サイクルはどうってことはありません。皆さんはここで勉強したのですから、今後ああいうことがあっても、そこのところはまかり間違っても許さないで、きちっと言ってやってください。

台湾とか韓国も、ちょっと前まで100Vだったのですが、そのあたりを考えて変えていったのです。それを実現するには、既得権益の人たちを全員丸め込むか、丸め込むにはおカネがかかりますから、はっきり言って、ゴルゴ13の出番かもしれませんよ（笑）!?　とにかく世代交代していただけない限りは、日本社会は変わりません。

先ほども言いましたが、関西はアメリカ系、関東はドイツ系の発電機を導入しました。これをそのまま額面どおり受け取るのでなく、何でそんなことが起きたのかを考えないとダメです。当時の政界の派閥の力関係で決まったに違いありません。関西と関東に異なる勢力の分布があった証拠です。明治時代からそうなっていたのです。

これが日独伊三国同盟につながっていくのです。東京が首都だから、ドイツ製を入れざるを得なかった。外国とのパイプ役をしていた人たちの勢力分布が違ったということ以外、理由はありません。インフラの大もとである電気・ガス・水道の3つとも、そこにつながるのです。

もう一つ言うと、電気・ガス・水道に並ぶインフラである情報は、日本中、ある1つの国の陰謀で統制されたので、システムは1つなのです。アメリカのベル研究所です。

アレキサンダー・グラハム・ベルさんが発明した電話が、情報産業の始まりです。情報を伝達する仕組みをつくりました。ベルさんの研究所が、伝達部門としてウェスタン・エレクトリックという会社と一緒になって、ベル・テレフォン・ラボラトリーになりました。ウェスタン・エレクトリックは明治時代からある電気機械メーカーで、もともとミシンとか扇風機をつくっていました。ベル研究所は今でもあります。建物が全面ガラス張りのピラミッドです。ラスベガスにルクソールというピラミッド形のホテルがありますが、あのままです。もともとはコンピューターの仕組みとか、ロケット、ジェット機、ヘリコプターなど、地球を回しているぐらいあらゆるものをつくっています。情報産業を握っているから、世界中の国の情報をコントロールできるように仕掛けることを１９３０年代に始めたのです。第２次世界大戦前に、全世界にネットワーク網を張ってしまいました。

それで日本は一発でやられてしまったのです。ウェスタン・エレクトリック・ベル研究所の日本法人がＮＥＣ（日本電気）です。日本に電話網を構築するために明治時代に進出しました。ＮＥＣ（ニッポン・エレクトリック・カンパニー）のロゴマークは、ウェスタン・エレクトリック・カンパニーと同じです。アメリカの情報操作の陰謀の真ん中に組み込まれたのです。それがいまだに続いています。

今やっているウクライナの紛争も、そういったところにつながるのです。人類が人間である以上、いつの時代も争いは終わりません。

人類は、アフリカから二十何人が世界中に散らばっていったのです。何でどまらないで散らばっていったのかを研究する学問があって、理由は３つあるそうです。

第１は、同じところにおさまっていられない性格です。

第２は、よりよい生活を求めて、あの山を越せば何かいいものがあるんじゃないかという好奇心です。

第３は、子孫を繁栄させるためです。

それが７００万年前からずっと続いてきて、先住民を潰して、乗っ取って世界征服したわけです。いまだにそれをやっているから、人類が人間である以上、変わらないというのが究極の結論です。

究極のハイファイ音

　ここで究極に近いハイファイ音（原音を忠実に再生）を聞いていただきたいと思います。

　私どもが考える究極のハイファイ音は、人間が聞こえる音の範囲（20～2万Hz）を、再生系のシステムが全部満足していないと得られません。理想を得るためには、そういうシステムにしなければなりません。ここ、Ｈｉ－ｒｉｎｇｏ－Ｙａｈ！は、その最先端の技術を応用してつくり込みました。

　ハイファイ音は、理論的には、現実の音は再現できます。原音再生です。エジソンの蓄音機の時代のカタログにも、「原音再生、理想の蓄音機」と書いてありました。１５０年前からの理想を求めて、現代はどこまで進化したかを、私どもで作り込んだ音源で聞いていただきます。

先ほどからBGMでかけている曲は、自然界の音階で、不協和音のない純正律です。平均律ではありません。

これから聞くのは、和太鼓集団の音源です。2mぐらいの大きい太鼓です。気圧の変動が鼓膜で感じられるぐらいに低い音です。

もう1曲、西洋楽器を聞いてみます。芸大の高橋美智子先生のコントラバス・マリンバの演奏です。低音の鍵盤は線路の枕木ぐらいあって、ドラム缶をたたいたようなドーンという音になります。楽器全体の長さが10mぐらいあります。そこまでないと高橋先生の打楽器の表現ができません。有名な先生です。聞いていただいたとおり、音程がわかるかわからないかぐらいの、スペクトルではかると32Hzの低音から、シンバル、銅鑼は22キロHzぐらいまで伸びていて、そこがちゃんと表現されているので、十分にハイファイ音です。

録音はコンデンサーマイクを使っています。ここにサンプルがあります。外は金メッキですが、中は24金の振動板を使っています。これはレプリカですから10万円しませんが、オリジナルは200万円ぐらいします。録音は、デジタルとアナログと両方回しています。

このマイクは、ヒトラーが鉄砲を突きつけて開発させたのです。1930年代、ナチス党をつくるときに、自分の声と全く同じように出る音響装置をつくらせて、世界で初めて、ベルリンで100万人のPA（大衆伝達）をやりました。そのときに使ったマイクロフォンのレプリカです。

次に、このシステムでポピュラー音楽を聞くとどうなるか。ポール・マッカートニーのジャズ演奏です。

標準的なハイファイは、こういう音だと覚えておいていただけるといいと思います。

ありがとうございました。（拍手）

サウンドヒーリング実習教室

Section ③

科学的に
説明できないことの話

2022年３月26日（土）
Hi-ringo-Yah!

電信柱と柱上トランス、日本はなぜ地中に設置しないのか⁉

まず、前回に言いそびれた部分からお話ししていきます。

電信柱の上に柱上変圧器（トランス）が乗っていて、その周りに各家庭に供給する電源が目的用途に応じて配線されています。

まず、高圧配電線といって、三相3線式の6600Vというメインの3本のちょっと太い線があります。各発電所から来た電線は50万～100万Vという高圧ですが、変電所で6600Vまで下げて電信柱に送っています。

それを柱上トランスに送って、各家庭に分配させるために電信柱があります。

日本では、台風や地震などの災害で電信柱が倒れると、停電の原因になったり、交通の障害になります。今、地方の何もないところは別として、都会では地中化が盛んになっています。都心ではとくに早めにやっておかないと、災害時の被害がさらに大きくなってしまう。何十年か後には、電信柱を見ることもなくなるような気もします。配電設備は地中に潜っても構造的には変わりません。

6600Vを変圧器で受けて、三相3線式の二相を使いますから、柱上トランスには2線しか入っていません。一般家庭に配るために、柱上トランスで200Vまで下げます。三相の200Vに分けて、そこから単相3線で各家庭に引き込みます。

そのときに、3線式のセンターを中心に、200Vの半分の100V、200Vというトランスの巻線比をこしらえて、家庭に分配するという方式になっています。

その方式の内訳の細かいところは、トランスの内部構造の図があります。三相2線の6600Vを変圧して、200V3本に変換しています〈図9〉。

ケースは丸い巨大な缶詰みたいなもので、中に絶縁オイルが入っていて、ト

柱上変圧器のしくみ

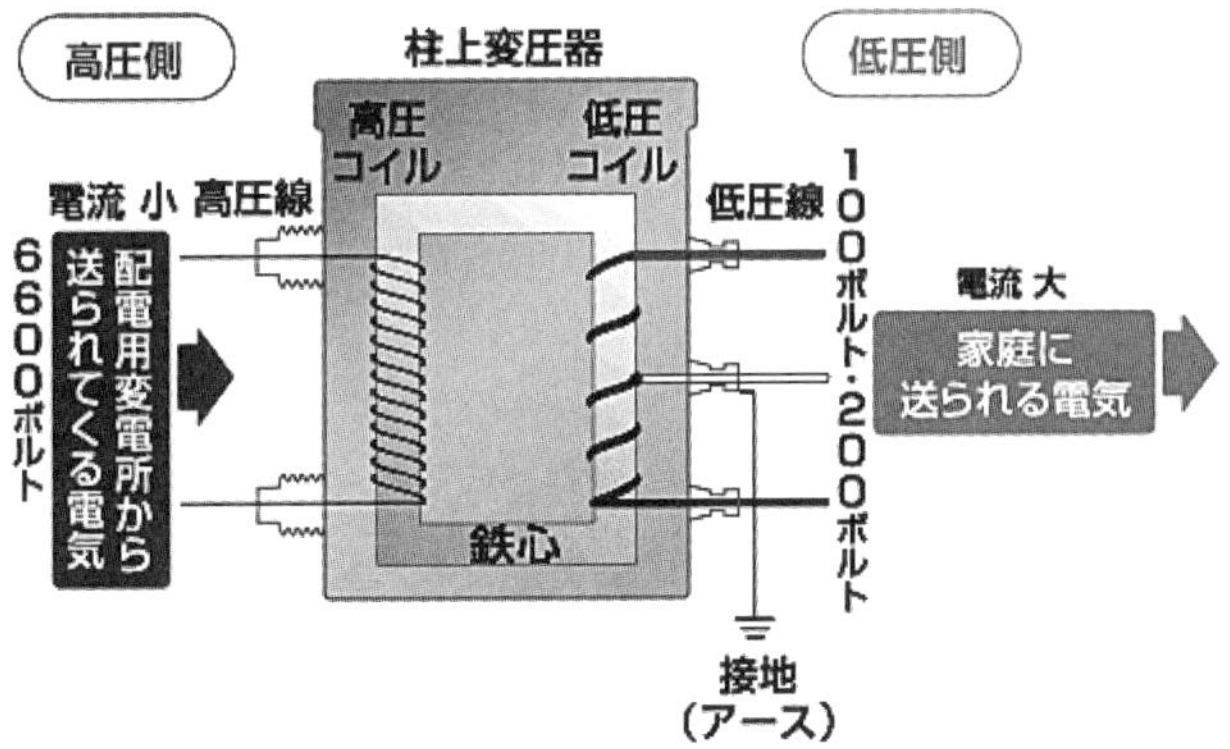

図9

ランスがチャポンチャポン浮いています。絶縁オイルは冷却も兼ねています。トランスに電気を流すと発熱するので、その発熱を抑えて、ケースに伝える。ケースの周りには冷却用フィンがあります。金属の表面積を大きくして空気に熱を放出しやすくするという原理で、バイクのエンジンの周りについているフィンと同じ構造になっています。夏は、自動車のボンネットも太陽光線で熱くなりますが、あれと同じで、ケースはやけどするぐらい熱くなっています。家の近くにあるのですが、実は結構危険な物体です。そもそも6600

Vは大変な高圧です。

1次側は6600V、2次側は200Vになっていて、2次側の真ん中は接地線といって、実際に地面に埋まっています。これを「アース」とか「グランド」といいます。アースは地球のことです。グランドは地面のことです。実際に電線が地球に接地している。電信柱の場合、接地線は多分長さ7～8mほど埋めてあります。よく見ると、緑色の被覆の結構細い線が電信柱についているのが見えます。気になる方は確認してみてください。

電信柱を地中化すると、電線も地下に埋蔵します。将来的には、全部このようになっていくでしょう。日本はまだまだ遅れていますが、海外の街並みは景観を気にして、電信柱がほとんどなくなっています。

屋内配線（分電盤からコンセントまで）

次に、屋内配線です。皆さんに直接関係してくる家庭の中ではどうなっているのでしょうか。一戸建てだろうがマンションだろうが、電信柱から家庭に入る線は全部同じ構造になっています。感電などの問題で危険ですから、ＪＩＳの標準規格で決まっています。

電信柱から3本の引き込み線が２００Ｖで来ています。家庭で電気がどれだけ消費されたかを見積もる積算電力計が必ずついています。昔は円盤がぐるぐる回って、ギアで数字が動くタイプでしたが、今は電子式のスマートメーターで、検査員が一々見て回らなくても、電気屋さんが事務所のコンピューターで数値を確認できるという便利なシステムになっています。

家の中には、分電盤というブレーカーがたくさんついた箱が必ずついています。この箱でリビングルーム、エアコン、ダイニングルーム、キッチン、浴室・トイレ、各部屋に分配されています。分配の仕方は、２００Ｖを、先ほどの接地線を中心に上下に分け、中間を０Ｖ、接地された領域で使っています。

分電盤の蓋をあけると、中にはメインのアンペアブレーカーがあります。各家庭の家電製品の使用電流を計算して契約アンペア数を決めます。10Ａ、15Ａ、20Ａ、30Ａ、40Ａ、50Ａ、60Ａの7段階に分かれていて、基本料金が全部違います。

その先の分岐回路には各ブレーカーがあり、白線の中性線（接地側）は地面に埋まっています。これは必ず0Ｖです。ここが0Ｖになっていない家が時々見受けられますが、これは工務店のチョンボです。古民家を改造したり、古いまま住んでいると、この辺がいいかげんになっています。接地線は落雷時の高電圧防止用なので、ここが0Ｖになっていないと、雷が家の中の家電に直接入ってきて、何億Ｖという電気で火事になります。

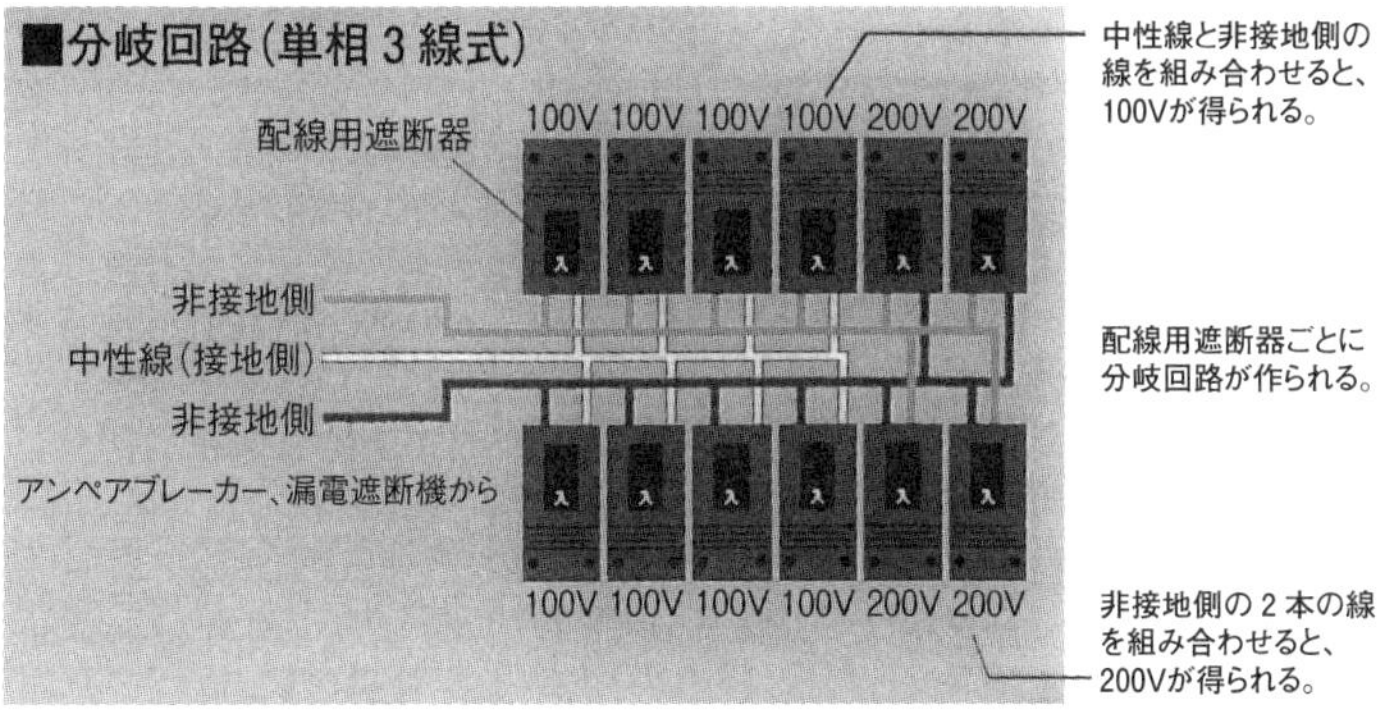

図10

ホット側（電気が来る方）の赤線と黒線で200Vを上下に分けて、100V、100Vで一般家電のコンセントに行っています〈図10〉。

次は、部屋の壁のコンセントの見方です。

コンセントは大きく分けると5種類あって、これも規格で決まっています。2口、2口のアース付き、アース付き3pの2口、エアコン用100V、IHクッキングヒーター用200Vのコンセントで、日本ではこのどれかを使うようになっています。このスタジオではほとんど2口のコンセントを使っています。

コンセントは、正面に向かって左側の穴のほうがちょっと長いのです。長いほうが接地線、グランド、0ボルトなので、さわっても基本的には感電しません。接地線をさわって感電するところは、フローティングされているので、雷が落ちたときに甚だ危険な状態になります。

アースをとれていない電気器具の線にさわると、100Vでビリビリと感電します。アースがとれているところにさわっても、ほぼ感電しません。なぜかというと、0Vで電圧が高くないからです。

柱上トランスの中では、コイル状に巻いてある電線が重なっていますので、何かの原因で1次側と2次側がショートしてしまったら、6600Vが家庭に入ってきてしまいます。雷と同じです。そのときに6600Vをアースに逃がしてやると家庭に入るのを防ぐことができるので、電信柱の上でアースは必ずとっておかなければなりません。

雷が落ちたときには、アースに流れることは流れるのですが、あまりにも高圧過ぎて家庭にも飛んできます。家庭でも分電盤のところでアースがきちっととられていないと危ないということになります。

人間の身体はぜんぶ電気仕掛け!!

人間の身体も微弱な電流で動いています。脳からの指令は最初は微弱な電流ですが、例えば手を動かそうというときに、意思を持って動かすと筋肉に作用して、筋肉は力が結構あるので、実はここで電流を増幅しているのです。そして、力強く握ることができる。あるいは歩くことができる、しゃべることができる。身体の中は全部電気仕掛けで動いています。電池も入っていないのにと思うのですが、実は電池がいっぱい入っているのです。人の身体が、電気と切っても切れないくらい関係の深いことがわかっていただけるかと思います。

脳内の思考をつかさどる回路にはいろいろな部分があります。一番大きいのが前頭前野です。私たちが脳で思考を開始するとき、脳内の回路にインパルス電流が流れます。

実は家電メーカーの研究所が、今から40年近く前に論文を発表しています。脳の中で何かを思いついたときに、電気か何かが本当にピカッと光るのを発見して、その正体はインパルス電流であると波形を証明しました。その論文を見たときに、ああ、なるほどと理解しました。

インパルス電流というのは弱電の業界用語で、一瞬で立ち上がって、一瞬で消える電流のことです。脳が思考を開始する瞬間に、パチッと瞬間的に電流が流れます。ちょっと思うのは5／1000秒（5マイクロ秒）くらいの瞬間で、ドンと思うときは1秒間くらいのこともあります。

「そうだ！」と思いついて何かを始める、あの瞬間に電流が流れていると思ってください。思考を維持しているときはインパルス電流がたくさん出始めて、電流が大きくなると思考のイメージができ上がるのです。

何かを考え始めて、脳の中に電流がいっぱい流れて、イメージや言葉をどんどん組み立てていき、そして、それをまとめて人に伝えようと一生懸命に口に出す準備をして、そのためには声を発する筋肉を動かす信号も同時に脳から出ます。このとき、ものすごい量の電流が流れて、脳の外にも発信されているのです。人体は送信機であることが、ここからも言えます。

このインパルス電流が耳や目の情報を介さずに届くのが、シンクロニシティ現象のメカニズムではないかと考えています。地球上を飛びまくるインパルス電流をうまく利用しようとしたのが、テスラさんの地球システムにつながるのではないかと思います。

録音機はエジソンが発明したことになっていますが、実は、ほとんど同時に、フランス人も発明していました。特許を出した日にちがエジソンのほうが早かったので、エジソンの発明ということになっていますが、本当はどちらが早かったか、はっきりとわかっていないのです。何せ電気もあるかないかぐらいの時代のお話なので、そのあたりの情報は定かではありません。

アメリカとフランスでインパルス電流が飛んで、遠く離れた国で同じ発想を抱いた人がいたということは、結構あり得ると思います。よくデジャブといって、一回来たことがあるような街並みに遭遇することがあります。あれは、それを見た誰かさんが電波を飛ばしているのです。その場所に行くと前に行った人の電波を受信して、認識しているという現象ではないかと考えると、なるほどと納得できます。

念が強ければ届くということです。たまに遠くのお母さんのことを思い出していたら、その瞬間に電話が鳴って、「あ、お母さんだ」と思いながら電話に出るという経験は、きっと一度や二度ならずあるでしょう。音声や視覚の情報ではなく、電波・電磁波が遠くから直接、脳の神経に届くのです。

昔から、「虫の知らせ」という言葉があります。大体よくないことが起こるという予感があることを意味します。「胸騒ぎがする」という表現もあります。肉親や友人の安否について、とくに新たな情報が入ったわけではないのに胸が騒ぐ、心が落ちつかなくなるということで、心臓がドキドキしてきて緊張したりもします。

物理的な刺激があったわけではないのに、脳のインパルス電流が急に立ち上がって、思考を開始しているのです。脳の中の神経細胞のシナプスあたりに直接、どこかからインパルス電流が飛んできたという感じでしょう。そうなると、脳は思考を開始するのが当然なのです。

脳の電流が飛ぶ⁉　それが「テレパシー」

テレパシーという現象も、これに当たるのかもしれません。

思考を発する側と、受信する準備が整っている側との間で、脳の電流が飛ぶのです。電波を発する放送局と同じで、人間の脳は、人の思考を受信することができるとも考えられます。脳の中の機能は電気のメカニズムなので、それを電波として受け取るということです。

昔、とてもいい例をテレビで見ました。

東京・浅草の簡易旅館に、外国人のバックパッカーがたくさんやってきている様子をリポートしていました。最近、外国からの観光客が、リーズナブルな価格で日本情緒あふれる「旅館」をインターネットで見つけて訪れるのですが、そこの70歳くらいの女将さんは、英語も何もまるっきりわからないのです。長いこと海外からのお客さんを受け入れるという態勢ではなかったので、外国のお客さんに対するおもてなしの勝手もわからない様子でした。

ところが、外国の方が女将さんに話しかけると、女将さんはちゃんと理解できているのです。「～をしたい」、「～に行きたい」、「～が欲しい」という内容をしっかりわかって、対応していました。

日本のお客さんを長年迎えてきた経験もあるのでしょうが、これはテレパシーの一種ではないかと思いました。

この例は、目の前にいるのだから何となく理解できるのではないかとも言えますが、それでは「お母さんの電話」とか「虫の知らせ」はどうでしょう。電波が飛んでいる、または違う次元を通って届くと考えられないでしょうか。

4次元的に考えると、時空を超えて伝わるということもあり得ると思うのです。これを応用しているのが、ごく最近開発されたタイムウェーバーという機械で、直訳すると「時空の波」ということです。私と一緒にやっている齋藤秀彦先生の量子理論と非常に関連があって、意識の中の次元をつかさどる機能を持った機械と考えると、人の意識が時空を超えて関係しているので操作もできるし、理解もできるし、コントロールもできます。ヒカルランドでも体験できます。

私がS社にいたときの直属の上司で、新たなデジタル技術製品の開発をともにしたDさんは、お父さんがすごい能力があると聞きました。

そのお父さんは、親戚のどこそこの誰かがこれから亡くなるから、電話がかかってくるよと言う。そうすると、どこかのおじさんが亡くなったとちゃんと電話がかかってくる。それが一度や二度でなく、しょっちゅうだということでした。

そのDさんを中心に200万年前の技術で当時私たちが開発したのが、CD

です。あれは地球のものではないですね。なぜかというとレーザー光線を使って、デジタル化した信号を非接触で読み取るのですが、それまではエジソンのレコードで、溝をひっかいていました。それを光だけで成し遂げたという技術は、地球では考えられません。

発明家のニコラ・テスラは、母親とテレパシーで会話ができたという話も聞いたことがあります。

ヒカルランドの編集者Tさんのお話では、とあるセミナーで出会った女性が、「大分にいる息子が、ちゃんとしたものを食べなさいとしょっちゅう言ってくる。私が毎日食べているものが見えているんです」と話してくれたそうです。息子さんは大分の山のほうに住んでいて、お母さんは福岡のほうに住んでいるそうですから、お母さんが食べているものの映像が見えるというのであれば、かなりのテレパシー能力です。このような話は、皆さん方の身近にも結構あろうかと思いますが、その現象を説明すると、電波として飛び交っているということです。

実際に今のような通信手段がない何千年、何万年前の人たちは、狩りをするときに、何キロ四方にわたって散って、追い込んでいって獲物をしとめていたのですが、その際、意思の疎通は脳波を使って、いわゆるテレパシーで会話していたのではないかと思います。今でもアマゾンの山奥に住んでいる人たちは、大昔からその状態をずっとやっていらっしゃるそうです。

実はテレパシー能力は全員持っていて、ものすごく勘の強い人同士は、現代でも通話ができるときもあるのです。ところが、現代は携帯電話もあるし、テレビ、ラジオ、電話など電磁波が飛びまくっている状況なので、微弱な脳の電波は攪乱されてしまって、なかなか使えないというのが現実ではないかと思います。

テレパシーなのか⁉　試験問題が夢に出てきた⁉

私自身の体験では、これがテレパシーに関係するかどうかはわかりませんが、予知夢のような経験があります。

大学時代の期末試験のことです。「演劇・演技の歴史」についての科目の試験だったのですが、担当教授が試験の範囲を全く示してくれなかったのです。演劇の歴史といっても膨大なものなので、どこから出題されるかわからないというのでは、試験の準備のしようがありません。要するに、真面目に全部聞いて理解していたら、ちゃんとできるよという話ですが、大学は普通はそういうことはありません。入ってしまったら大体遊んでいますから、勉強なんかする人はめったにいません。今は知りませんけれども、私の時代はそうでした。

ギリシャ悲劇に始まって、シェークスピア、歌劇、現代劇、はたまた歌舞伎とか浄瑠璃とか日本の演劇というテーマも考えられるわけです。これは開き直ってぶっつけ本番でいくしかないという状況でした。

ところが、試験の日の前の晩に、試験問題がズラーッと夢に出てきたのです。この試験は資料持ち込み可だったので、夢に見た範囲の資料を取りそろえて臨みました。

大学に行って、同じ試験を受けるみんなに、「こういう夢を見た。この問題が絶対に出るぞ」と言って回りました。試験はまさに夢に見たとおりの問題で、用意した資料ですらすらと書くことができました。

ただ、この話にはオチがあります。試験はA、B、Cで評価されるのですが、私の評価はBランクでした。「優秀」の下の「良」というランクです。答案は資料を見ながら書けたのでしっかりできたと思うのですが、その内容が先生の思った解答とはちょっとずれていた。間違いではなかったけれども、100%思いどおりの答えが書けていなかったのです。

言っていることと、思っていることと、人が理解していることは、これだけずれるという教訓です。人の自分に対する評価は、自分自身に対する評価の10分の1ぐらいだと思って対応していたら間違いないです。過大評価しないほうが身のためだとつくづく感じた次第です。

同じ試験を受けた同級生で、Aランクをもらった人がいました。その人にわけを聞いたら、何と「答えの夢を見た」と言うのです。つまり、担当教授が期待している最高ランクの解答の夢を見ていたのですね。この人は今プロデューサーになって、よくテレビにも出演している有名人です。

上には上がいるものだと、その当時思いました。担当教授が「強い思い」を持って問題をつくり、解答も考えてあったのでしょうか。その解答を夢で感じ取ったということですね。

脳が共振してアルファ波を出す

脳の電波がどう伝わるのか、テレパシー的な作用がどのように起こるのか、いまだ解明されていません。

約30年前、宇宙から来たような話で開発されたCDを世界中で売り歩かなければならないというので、S社の社員が中国の山奥の、電気が通っているかいないかぐらいの農村に行きました。

その村の長老に、今度こういう製品が出るんですよと見せたら、その長老が手かざしして、中に鳥の声が聞こえる、水の音が聞こえる、音楽が聞こえると、全部言い当てたそうです。これは何だろう、その現象を真面目に研究したいと社長に直訴して、エスパー研究所を設立しました。

脳波には、アルファ波、ベータ波、シータ波などがあります。脳波をはかると、安静にして目を閉じてリラックスするとアルファ波が優勢になり、思考したり緊張したりするとベータ波が出ます。

アルファ波が多く出ている状態が赤ちゃんの脳の発達にもいいだろうということで、「0歳児のための音楽」というデジタル技術製品をS社で開発し、私たちが録音しました。N先生という筑波大学の心理学の日本の最高権威の女性に監修していただいて、アルファ波が出るメロディーで構成された曲を収録したのです。

胎教にもいいと考えました。胎児のお母さんの脳がまずリラックスして安定することで、おなかの中の赤ちゃんもいい影響を受けるだろうと考えました。これで赤ちゃんが落ちついて、心身が安定してすくすく育つだろう、脳もすごくよく育つだろう、結果優秀な子どもになるのではないかということです。1990年ごろのことで、いわゆるヒーリングミュージックのはしりのようなものでした。私たちが最初にやり始め、みんながヒーリングミュージックと言い出したのは、この後です。

本当にこの曲を聞いてアルファ波が出るかということを、発売前に実験もしました。N先生の研究室の研究生や学生さんたちに実際に作品の音を聞かせて、アルファ波が出ているかどうか。このために、アルファ波が測定できるFFTアナライザーという周波数分析機まで私がつくりました。当時、測定機メーカーで最高のスペックの機械でも足りないから、これとこれを見られる性能にしてくれと言って特別にこしらえてもらったのです。これは今、医療機器に応用されています。

金属の板を頭の前頭葉付近に3枚、後頭葉付近に3枚、アンテナのように両面テープでぴったり貼って、脳波を直接捉えました。周波数と時間経過のグラフで明らかなように、楽曲を聞くと10Hz付近のアルファ波が出始めて、それを保っています。リラックスモードだという検証ができました。

脳が共振するのはなぜかというと、脳は豆腐ぐらいのかたさの物体で、頭蓋骨に直接触れないように、外膜とか髄液の中に浮いていて、直接のショックを避けるような構造になっています。身体が緊張してかたまっていると、髄液の圧力が強くなります。脳の中には筋肉組織がないので、脳自身は勝手に動けません。周りが脳をギュッと固めると脳圧が高くなって、脳自体がかたくなります。かたくなると共振周波数が高くなります。音響をやっているとF0（エフゼロ）が上がると言うのですが、緊張するとベータ波になります。

緊張がほぐれて脳の髄液が緩むと、脳自身もかたくなっていなくてユルユル状態だから、共振周波数が低くて、アルファ脳波になります。

こういうことが解明されたのですが、これを言っている先生はまだいません。私の勝手な理論ですが、間違いありません。これは音響屋だからわかる理解なのです。補聴器も、音響屋がつくるとちゃんと聞こえる補聴器ができます。音響理論のわからない補聴器屋がつくったのではダメなのです。これは余計な話です。

あるとき、公共放送の番組でお坊さんが興味深いことを語っていました。

「絵画や音楽を見聞きして感動を覚えたり感激したりするのは、その絵画や音楽に封じ込められた作者の波動が伝わるからだ」というのです。

私も全く同感で、絵画や音楽に封じ込められた波動という周波数が、見聞きする人の脳と同調している、脳の感情の部分に作用して作者と同じ感動を共有するのではないかと思います。

そのお坊さんは、神仏の教えは波動そのものだとも語っていました。お坊さんが大勢で読経しているのを聞いていると、確かに何か波のようなもの、共振するようなものを感じます。言葉や音以上のものがジンジンと胸に響いてくるような、そういうものが「神仏の波動」なのかもしれません。

共振、共鳴、同調することが人間の身体に備わっている。それは全身が電気の流れで動いているからです。

人間の身体には電池が入っていないといいますが、実は電池だらけなのです。人間の身体は60兆個の細胞でできていると言われています。その1個1個の細胞をセルといいますが、電池の原型もセルといいます。偶然に同じ言い方をしています。

セルを分解すると、ナトリウムとカリウム、プラスイオンとマイナスイオンの水溶液でできています。その水溶液がプラス・マイナスのバッテリーなのです。それが電源になって、身体を動かすもとのエネルギーになっています。

一日中、身体をいっぱい動かして、重労働したり、走ったり、運動していたら動けなくなります。そこで休息し、何かを食べてカロリーを入れます。その行為が充電なのです。カロリー＝エネルギーなので、また次の日、活動的に行動できる。だから、電源で動いているということです。

若いうちはエネルギッシュですが、年をとるとだんだん劣化してきて、エネルギーを補う成分が少なくなります。若いときのように吸収して発散することがなかなかできない。鉄も劣化すると錆びます。だんだん年老いていって終わるということです。

音と身体のかかわり、サウンド・セラピーの歴史！

私の専門分野である音響から、サウンド・セラピーの歴史をお話しします。音響機器、電気機器やサウンドツール等を使用した健康促進療法の代表例を幾つか列挙してみます。いずれも音、振動、周波数が身体と深くかかわっており、大自然の中から誕生した私たちのルーツである宇宙そのものが、インフレーション振動から発生したこととつながっているのではないでしょうか。

今見えている宇宙空間の全ての物体は、動いている最中です。止まっているものは一つもありません。最初に電気の正体のところで申し上げましたが、物体はそもそも原子、電子、原子核といった量子でできています。量子でできているので止まらないのです。原子核の周りを電子が動き回っています。ブラウン運動をしているので止まっていない。

物質が全部動かない状態を、セルシウス氏温度でマイナス２７３℃、絶対零度といいます。電子が止まっているので、全ての物質がバラバラになって何もなくなります。絶対零度は理論値なので、実際には、ほとんど止まりそうでもどこかで動いています。動いていない宇宙はないのです。何百億年離れたところに行っても動いています。しかも、ものすごい速度で動いているのです。

全てが振動でできていて、私たちも必ず振動している状態で、じっと静止していても振動しています。

サウンド・セラピーの代表的なものを４つご紹介します。
１．振動音響療法　電気のない時代からありました。古代音響療法にルーツがあり、音楽が病む人の心を癒やすことは古くから知られています。日本では、P社開発のオーディオ機器であるボディソニックがあります。
２．マナーズサウンド　マナーズ博士考案により、身体によいとされる５つの周波数を基本にしてセラピーを行います。

3．西堀式　音響振動を身体に与えて体温を上昇させ、免疫を向上させ、健康維持を図ります。音響免疫チェアはヒカルランドみらくるにもあります。

4．増川いずみ博士式　身体の各部位によいとされる共鳴振動を与え活性化し、ぐあいをよくします。

サウンド・セラピーの代表例

1のボディソニックはP社が開発したオーディオ装置で、リクライニングチェアに腰かけて、スピーカーが幾つか入った大きなヘルメット状のヘッドギアを頭にかぶります。身体全体に低音の振動が伝わるサブウーハーがついていて、それでクラシック音楽を聞くと、大きな部屋で聞かなくても広がり感を十分体感することができます。今で言うVR（バーチャルリアリティ）的な体感ができるというはしりです。

少し前まで銀座にショールームがありました。コロナ禍になって一回閉鎖して、今はどうなっているかわかりませんが、体験したい方は調べてみてください。

これを開発された方は、あるとき、海外で低周波音（130Hz以下）と音楽による病気治療を行う療法を知り、楽音による健康法として研究することになったそうです。一曲つくられているのが音楽ですが、そのメロディーの部分を専門用語で「楽音」といいます。メロディーはあるけれども、一曲としてはできていないものです。

また、古くは背骨にラッパの音を当てて病気治療が行われました。音楽を「魂の薬」と考えて、古代エジプトまでさかのぼると、ダビデの奏でるハープの調べがユダヤ王の精神錯乱を治したことが旧約聖書に記せられています。古代、中世、近世と、各時代にわたって、音楽がさまざまな病を癒やした記述は多くあります。

最近では、ベッドやリクライニングチェアにスピーカーを多数取りつけた専用治療具があります。私は、治療器としてチェアを体験したことはないのですが、70年代、オーディオがブームであったころ、知人のオーディオマニア宅にて聞かせていただいたことがあります。今で言う2・1チャンネルサウンドシステムでした。足がゆっくり伸ばせる長手のリクライニングチェアで、頭付近に大きなドーム状のヘッドギアをかぶせ、ヘッドレスト内の小型のスピーカーが耳元で聞こえるようになっており、座席の下には低音を響かせる専用の振動ユニットが仕込まれているものでした。クラシック音楽をたくさん聞かせていただいた思い出がありますが、とても心地のよいものであったと記憶していま す。やはりリラックスし、リフレッシュできたのでしょう。疲労回復した思い出もあります。サウンドヒーリング用途には適しているのではないでしょうか。

映画「未知との遭遇」で宇宙人とのコンタクトの際に使われた「レ・ミ・ド・ド・ソ」という有名なメロディーは、マナーズ博士がスピルバーグ監督に頼まれて作曲したのですが、2のマナーズサウンドは、そのマナーズ博士が提唱しているものです。

５つの基本周波数を組み合わせた4～6０００種類の周波数で、身体の各部位を治療します。ハンディースピーカーを使って、身体全体に音波を照射します。

マナーズ博士亡き後、施術法を継ぎ、任されたのは、実は日本人の女性の平田彩友瑠氏です。今も銀座でサロンをやられています。レクチャー後、周波数を奏でるハンディータイプの小型スピーカーで、身体にいい音階を聞かせて癒やします。

３は、液晶、ステルス、エコエネルギー発電システム等、さまざまなハイテク機器の発明で知られる西堀貞夫先生開発による音響免疫療法です。低周波振動により身体に直接振動を与える。これは実はボディソニックと似ていまして、専用の大きな椅子があって、スピーカーが20個ぐらい入っています。５・１チャンネルのサブトラックがついています。低音を専門に出すもので、専門用語でブルームといいます。

椅子の中にはストローファイバーが仕込まれています。エアウィーヴというベッドが宣伝されていますが、あれは西堀先生のアイデアだそうです。あの中にはストロー状のチューブを使っているので、さらにフワフワ感が強いのです。

数年前ですが私も西堀先生の音響ルームで2時間ほどのハリウッド映画を体験して、何と体温が1度上がりました。つらいのを我慢していて上がったのかなとか、ちょっと思いましたが、とにかく体温が1度上がると、免疫力が30％上がると言われています。

ヒカルランドみらくるにあるので、セラピーを体験できます。

4は、音響振動の増川いずみ先生が提案されたものです。人の体内の臓器にはそれぞれ固有の共振周波数があるので高周波から低周波までを駆使し、シャーマン祈禱の打楽器音と音楽による古来の治療や、水、風、虫の音、鳥のさえずりなど自然のリズムを取り入れて、音叉・チャイムバーなどのサウンドツールの活用により心、身体、魂を調律し、調和のとれた状態で、人が本来持ち合わせている身体の機能を蘇らせます。

増川先生開発のサウンド・セラピー・ツールを試してみましょう。これはサヌカイトという石でできています。世界で香川県にしかない安山岩の一種です。博物館級のもので、サヌカイトでつくった木琴などもあります。身体に一番いい周波数が出ます。やってみます。本当にいいですよ。（カーンと打つ）石ですから重いです。528Hzより少し高い音で、脳幹に来る波長らしいです。

そもそも私のヒカルランドとのかかわりは、増川先生の音の部分のお手伝いをやっていたからなのです。増川先生のセミナーには、私もPAオペレーターとして協力したことが何度かあります。機会がありましたら、増川先生のセミナーに参加されることをお薦めします。

このあたりのノウハウを利用して私が考案した「メガウェーブ、ギガウェーブ」は、ライヒ博士の電磁治療機器の考え方とS大学の電流療法、エコー診断法を取り入れた特殊メビウスコイルにより、6000種類の周波数を波動放射するものです。

私の機器は、バイオスキャン、ニュースキャン、メタトロンという3つのM

RA（共鳴磁気分析器）、身体の中の脳、心臓、肺、胃などの臓器をつくる細胞、DNAまで、何万という周波数をコントロールする機械のリバースエンジニアリングをして、それを応用してつくりました。増川先生たちのやっているテクノAOという部類に属するもので、音は聞こえません。電磁波に乗った波動を発生して、身体のぐあいを制御する機器です。感度のいいラジオだとジーと少しノイズが聞こえるので、波動が出ているという確認に使えます。

音の正体と音の知覚（音の物理現象）

この教室の最初に、電気の正体をご説明しました。次に、音に関する物理現象を簡単にご説明します。

音には、3つの性質があると定義されています。JIS（日本産業規格）とか、ＩＳＯ（国際標準化機構）という世界のスタンダードの規格にのっとって説明しています。

1番目は、音の大きさです。大きい、小さい、うるさい、静かということで、尺度はデシベル（dB）です。電話機を発明したアレキサンダー・グラハム・ベルさんからとって、ベルという値を使っています。

デシベルは、工事現場などで騒音の尺度としてよく表示されています。60 dBを超えると騒音なので、工事現場は60 dB以下でやらなければいけません。この近所ではビルの解体作業をしていますが、その表に大きな表示がついて、85 dBとか平気で出しています。専門のマイクロフォンで音量をはかっています。工事現場は、騒音と振動の両方を表示しています。

2番目は、音の高さ、ピッチです。音楽では、ド、レ、ミ、ファ、ソ、ラ、シ、ドの音程で、Hz（周波数）という値で表示します。ヘルツは、ドイツの数学者で電波を発見したヘルツ博士からとっています。

3番目は音質、音色です。言葉の「あ」と「い」の違い、ピアノとギターとバイオリンの音の違いで、周波数で表示します。

これらは音の3要素とも言われ、専門的にも認められています。

では、私たちはなぜ聞こえるのでしょうか。

まずは、音の発生を理解します。音は、空気の分子（媒質）の振動によるものです。なぜ振動が起こるのでしょうか。

初めに、音がない静かな空間を思い描いてください。これは静止大気圧といい、1気圧、1013ヘクトパスカルのことです。気象の高気圧、低気圧は、この静止大気圧、1気圧、1013ヘクトパスカルを基準にしています。

地球には、地表から約100㎞まで空気があります。10㎝四方で切り取った地上100㎞までの直方体の空気の重さは約100㎏です。音がないときには、その空気はじっとしています。空気は分子の塊ですから、分子が動くと音になります。

分子が動くと高気圧と低気圧が生まれて、振動として音になります。実際にやってみます。（両方の手のひらを打つ）パンと音を出しました。手のひらの中に周りの空気を集めて圧縮して、音がはじけた瞬間に、分子が1秒間に340m、音速で耳まで伝わります。これは時速1224㎞です。

余談ですが、最近ニュースに出てくる極超音速ミサイルは音速の10倍（マッハ10）と言われています。時速1万2240㎞で飛んでいく物体です。ライフルの弾はマッハ2とか3ぐらいです。それよりもずっと速い。考えられませんが、本当にすごいです。

静かな水面に小石を投げると波紋が同心円状に広がります。それと同じで、音ですから空中に360度、球体状に拡散していくのです。これを球面波といいます。

物体同士が当たった瞬間、空気分子の密度が多くなり、気圧が高くなります。これが高気圧の瞬間です。集まった分子の周りは空気が薄くなるから低気圧になります。微弱な高気圧と低気圧の繰り返しが波紋になって広がっていきます。

これはサッカースタジアムの観客のウエーブと同じで、観客は移動せず上下運動のみですが、波は伝播していきます。空気の分子も移動せず、その場で振動しているだけです。その縦振動が伝わっていく。地震のＰ波とＳ波も同じです。震源地は移動してきませんが、地震の波が伝わってきます。

空気の分子が移動する状態が風です。扇風機の風は、分子を移動させています。外で吹いている風もそうです。台風は非常に大きな低気圧になって、大風が吹きます。低気圧に向かって空気の分子が流れ込んでいるからです。音を極端にあらわすと、そこまでいってしまうので、空気の振る舞いは実は結構怖いのです。

音を捉える耳の構造とは⁉

耳には、音を捉える特別な仕組みがあります。

耳たぶ、外耳があって、鼓膜があって、内耳、三半規管があります。

鼓膜は、中耳の内耳道と外耳道を塞ぐように1枚の薄い膜がくっついていま す。サランラップ3枚ぐらいの厚さです。声帯と違って、鼓膜の周りには筋肉は全くありません。鼓膜は音で揺すられるだけで、自分からは揺れません。外耳道から気圧の変動が来ます。鼓膜は止まっていますから、気圧の変動で高気圧になったり、低気圧になったりして揺すられます。内耳道は一定気圧です。身体の中の気圧と同じで静止大気圧状態です。そこに音の微弱な気圧の変動が鼓膜を揺すって、音として認知できます。

音の聞こえる範囲には限界があります。大音量は空気の分子の密度がものすごく揺れるので、鼓膜が破けるほどです。小さい音はシーンとして音が聞こえるかどうかわからないぐらいで、これを0dBという値で表現します。0～120dBまで聞こえますが、120dBは0dBの100万倍です。あるかないかぐらいの音から鼓膜が破れる直前まで、100万倍の音の差を私たち人類は聞くことができるのです。犬猫はもっと広い範囲が聞こえます。

人間が最初に聞こえる音、感度が一番高い音は、鼓膜が水素分子の直径の

2／3動くと音だと認識するそうです。ものすごく微弱な音が聞こえるということです。ミクロンの何千分の1という範囲でも音として認識できると言われています。

その一連の流れを説明しますと、音の発生→疎密波の縦波→鼓膜における内耳道と外耳道の気圧差→三半規管→聴覚神経組織→脳ということで、脳まで行ってこれは音だと理解します。

三半規管から脳までは神経のシナプスでつながっています。三半規管の中で音波が電流に変換されるのです。三半規管の中にリンパ液が満たされていて、細胞と一緒で、それがプラスとマイナスの電圧を持ったバッテリー液になっています。そのバッテリーから脳に伝わるときに、電流と電圧が生じます。10mV～1Vぐらいの範囲で、ちょうど乾電池の半分ぐらいの電圧です。結構な電圧が生じているのです。

イヤホンやヘッドホンを開発しているときに、お茶ノ水の順天堂大学の耳鼻科の権威の先生のところに行って、耳が聞こえるのはどういう原理なのかを勉強しました。

　そのときに、ある外国の人が耳掃除に来ていました。彼らは鼓膜がオイリーで粘着的な状態で、振動が止まってしまって聞こえない人種なのです。鼓膜の周りをクリーニングしないとどんどん聞こえなくなってしまいます。

　彼らは、耳かすのことをイヤーワックスといって、取りにくいので、1年に1回とか半年に1回、耳鼻科に行って掃除してもらうようです。

　ベートーベンは、聞こえないで作曲していました。ですから、電気のない時代から100人もの大編成の大オーケストラでジャジャジャジャーンとやらないと、音がよく聞こえないから感動しないのです。近代においては、ジャズのビッグバンドです。もう少し時代が近づくと、エレキバンドです。あそこまでガンガンやらないと聞こえません。

　日本人は、耳がいいですから、お座敷で三味線でチントンシャンで十分なのです。オーケストラなんかなくても音楽を楽しめました。それぐらい違うのです。

アルファベットを中心としたラテン系の言葉は、耳が聞こえにくい人たちが会話するためにつくった言語と言われます。シビランスといって、サシスセソのような子音の高域はピアノの最高音のさらに上ぐらいで、20 dBという、音量が10倍も上がった周波数を使って会話するのです。そうしないと、鼓膜が振動しないから聞こえないのです。

どんな状態かというと、ふだんから耳かすがずっと詰まって、我々が綿やティッシュを丸めて詰め込んだぐらいの生活なのです。だから、音楽も言葉も全然違った形で発達しました。

外国人はあの言葉でしゃべって、声が大きく、しかも、シビランスが強い「This is a pen.」と、ああいう言葉なのです。

それに対して日本人は、若い人たちの平均値では、耳が世界一いい人種なのです。だから、母音言語でシビランスは使わない。鐘の音もゴオオオン、演歌もエンエンエンと、アイウエオで全部しゃべれます。

日本人でも、女性はもっと耳がいいのです。世界で一番です。だから、女性で音にうるさい人は、ちょっとの違いでもわかります。

だから、日本の音楽は静かなのです。最近の若い人は西洋かぶれしていますが、純邦楽とか昔からの音楽は、三味線や太鼓がトコトコ鳴るくらいで十分楽しんでいました。

日本人も老化してくると、耳かすが取れなくなったり、神経細胞そのものが劣化して老人性の難聴になります。稀に若いころから大音量でしゃべる人がいますが、耳に問題があるのでしょう。

調律が440Hz、ラの音を標準にしたのは1800年代の終わりぐらいで、ベートーベンあたりまでは432Hzで調律されて、なおかつ、平均律は使っていなかったのです。純正律とか、ヴェルクマイスター音律とか、ミーントーンとか、ピタゴラス音階というのがありました。ごくごく近代において440Hzと平均律にしたのです。

440Hzは、赤ちゃんの泣き声の緊急音なのです。あっ、大変だと、脳を緊急事態にさせる音程です。世界戦争のとき、軍人を軍隊に入れて、440Hzで行進曲をつくって鼓舞しました。

432Hzとか528Hzがいいというのは、そこから来ています。最近、ソルフェージュ音律という言い方をしている人たちがいますが、そこにつながるのです。

それから第1次世界大戦、第2次世界大戦を経て、今、第3次世界大戦が起こるかどうかの瀬戸際になっています。世界大戦を始めた人たちは、みんな東欧のアングロサクソン系の人たちです。あの辺がきっかけで、今もそこですから、あの人たちはそういうことが好きなのです。何か気に入らないとドンパチ始める。話し合いで解決がつきそうな部分もたくさんあるのに、軍隊を送ってドンパチ始めてしまう。

もう少し言うと、そこに裏の理由があるとは思うのですが、それはまた次回にお話ししましょう。

ビートルズの曲を球面波スピーカーで

この球面波・Q・球スピーカーは、球面波がそのまま正しく出ます。

（ビートルズの楽曲を4曲再生）

これは60年前の音源ですが、もとの音とは全く違う。私が勝手につくった音です。ステレオがまだなかった頃で、あったとしても、右にカラオケだけ、左にボーカルだけという時代でした。それを、今だったらこうだろうと勝手につくってみました。

聞こえない人たちなので、ここまでやらないとという感じです。

どのように感じられたでしょうか。１９６０年代の録音なので、今から約60年前のサウンドです。球面波で聞くと、このように聞こえます。当時の音を忠実に出しているのではないかと思います。

サウンドヒーリング実習教室

Section ④

音波、電波、電磁波など知っているようで知らないことの話

2022年４月２日（土）
Hi-ringo-Yah!

「身のまわりの電磁界について──概要版──」

まず、環境省の「身のまわりの電磁界について──概要版──」を見ていきます。

何と環境省のホームページで、電磁界がどれだけ体に悪影響を及ぼすかということについて触れているのですが、なかなか知る人はいません。

これは「概要版」なので、もっと分厚いレポートが実は裏にあります。本当に危ないことは、いろいろ語弊があるので言いません。全く言わないというのも、それはそれでよくないと突っ込まれますから、ちょっとだけ小出しにして、やったことにしてしまうわけです。

ここからかいま見える、本当におっかないものは何なのか、そこにはちゃんと「危ない」と書いてあります。

「もくじ」が1から9まであります。

1　電磁界とは何ですか？　電磁波とは違うのですか？
2　電磁界の種類にはどのようなものがあるのですか？
3　電磁界はどのようなものから発生していますか？
4　電磁界にはどのような生体作用があるのですか？
5　電磁界の健康影響についてはどのようなことがわかっていますか？
6　電磁界は医療機器に影響を及ぼすのですか？
7　国際的なガイドラインとはどのようなものですか？
8　電磁界についての日本の規制を教えてください
9　日本での生活環境中の電磁界レベルを教えてください

この言葉を読み解いて、最後に「体にどうなのか」と考えてください。そうすると、みんな「体に悪いよ」という言葉がついて回ることがおわかりいただけると思います。ただ、お役人としては立場上、そこは書けないのです。

まず、「1　電磁界とは何ですか？　電磁波とは違うのですか？」とサラッ

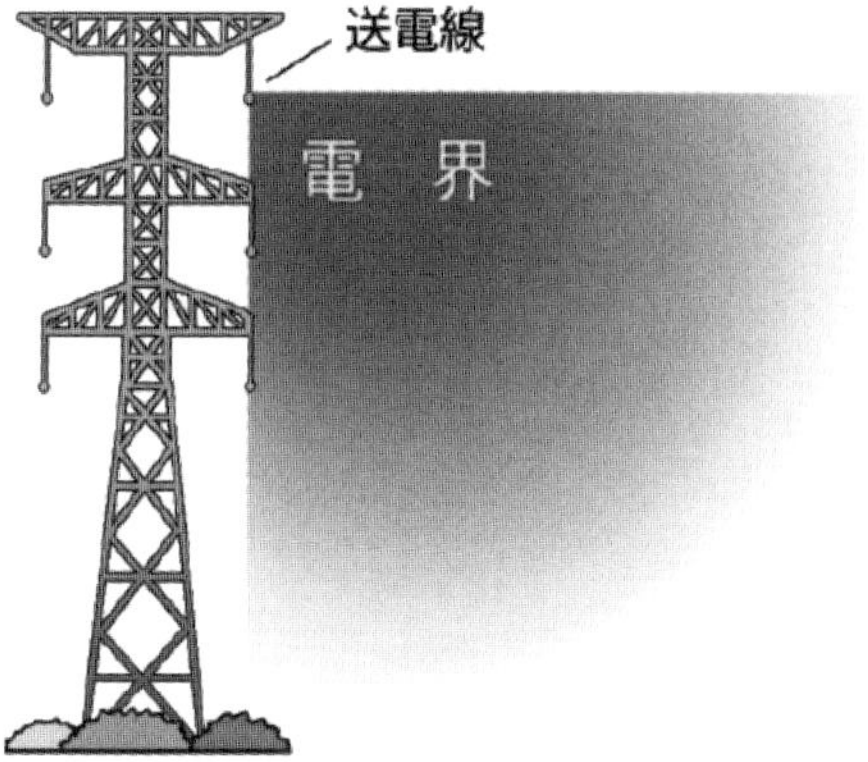

図11

と書いてあります。

「『電磁界』とは、電流が流れている電線などのまわりに発生する『電界』と『磁界』の総称です」ということは、どの教科書にも書いてあります。

私はうがった見方しかしないので、ここを読み解いてみましょう。送電鉄塔には腕金が3本とか4本あります。高圧が流れている強烈な電磁界があるところほど電圧が高いのです。3本は20万～50万Vぐらいの電圧を扱っている電信柱の親分です。

図11では、送電鉄塔の周囲の電界を赤く（本書ではモノクロのグラデーショ

ン）表示しています。なぜ赤く表示しているか。危ないからです。赤い色は図では途中で薄くなっていますが、本当は地面の下まで真っ赤です。

こういったところに家を建てて、そこに住んでいる方も結構いるのですけれども、健康によろしくありません。私の先輩にも何人かいらっしゃいますが、皆さん病気になって、お亡くなりになりました。あまり大きな声では言えませんが、電磁波の影響はそれくらいよくありません。

「電界の強さは電圧が高いほど強く、発生源から離れると弱まります」と書いてあります。そのとおりですが、20万Vとか50万Vが地面付近で弱まるわけがありません。関東地域は50Hz、関西は60Hzで、関西は周波数が高いからもっと危ないのです。50Hzのほうが2割ほど弱くなります。

高圧線から100mぐらい離れてもダメでしょう。1～2km離れたら大丈夫だと思いますが、近づかないほうがベターです。

強い電磁波の危険な側面について

『磁界』とは、空間に磁気の力が働いている状態のことをいいますということで、「磁界の強さは電流が大きいほど強く、発生源から離れると弱まります」と、同じことが書いてあります。電界と磁界が両方あるので危ないのです。

電磁波は電場と磁場のことで、略して「電波」といいます。今、5Gの電波が怖いとか、よくいいますが、実際問題、怖いのです。

電磁波は、電流が流れている向きが反転するときに、電界と磁界が交互にあらわれる現象のことをいいます。

今、テレビが地デジになったのでほぼ影響がないのですが、昔のアナログテレビを見ていると、バイクが通ると画面や音声にノイズが入ることがありました。今でもAMのラジオは、バイクが横を通るとバチバチとノイズが入ります。そのノイズが電磁波の正体で、イグニッションコイルに高圧の電圧が発生して、そのスパークがガソリンを爆発させてエンジンは動いています。そのスパークが高圧を生じさせて、電磁波も発生させていきます。

電磁波を発見したのは、磁石の原理を発見したマイケル・ファラデーさんで、ファラデーの電磁誘導の法則は電気の学問を学ぶ人の最初の取っかかりの基本になっています。ファラデーさんは、ファラドというコンデンサーの容量の単位になっています。

ファラデーさんの電磁気を、どのぐらいかということを数学的に表現した人がジェームズ・クラーク・マクスウェルさんです。マクスウェルさんは、磁石の密度、強さの単位になっています。

磁石は私たちに密接な関係があるので、3人ぐらいの昔の人の名前が単位になっています。まず、総磁束という磁束の総容量をマクスウェルといいます。密度の強さをテスラといいます。ニコラ・テスラさんからとりました。

マクスウェルさんが予言した電波の存在と、それが絶縁体である空気中を光速で伝わることを実験で明らかにしたのが、周波数の単位にもなっているドイツ人のハインリヒ・ルドルフ・ヘルツさんです。昔は周波数のことをサイクルといったのですが、今でも長い周期のことをサイクルといいます。1秒間に何回繰り返したかという周期をヘルツといいます。関東地方は50 Hz、関西は60 Hzという言い方をします。

ヘルツさんは、イグニッションコイルと同じように火花放電させて、そばに指輪のような金属を置くと、見えないのですが、火花が空中を伝わって飛び移るという現象を発見しました。

人間も電磁波を出している⁉

これは強い電磁波ですが、私たちの身体も電気が流れていて、電気で動いているわけですから、弱い電磁波を発生しています。オーラが見える人がいるのは、身体の中の磁場を見ているのです。それに色がついて見えたりする、あるいは、テレパシーで会話ができる、念力が使える、これは全部電波です。微弱だからふだんは気がつかないのですが、実は皆さん全員から出ています。そうでなければ動けません。生きている証拠で、電磁波を出しまくりで生活しています。

今は携帯の電波、パソコン、テレビ、5Gでかく乱状態なので、テレパシーを使える人はなかなかいませんが、原始時代は周りに電磁界が全くありませんでしたから、人間同士でコミュニケーションがとれたのです。

今でもアマゾンの奥地の原住民は、そうやって獲物をとるための狩りをしているというドキュメンタリー番組をやっていましたが、同じことだろうと思います。

集中すると、それがものすごく強く出る人もいるわけです。そういう人たちは超能力の大先生ということになります。実際に強い方を私も何人か知っています。「これから集中します」と言った瞬間に、電磁波が強過ぎて、バリバリッとノイズになってマイクロフォンに入ってきてしまうほどです。

以前、私がチャリンコに乗っていて、信号で車が止まっていたので間をショートカットしたら、でかいバイクが来てバーンとぶつかりました。乗っていたチャリンコが「く」の字に曲がってしまって、私は捻挫したのですが、バイクは5mぐらい吹っ飛んでいました。ヘルメットも外れていました。ヤバイので、片足をひきずって、その場からすぐ逃げました。

私の周りに何かバリアがあるのかどうか、よくわからないです。ある先生がそういった力を測定する測定器をほぼ完成していて、一人一人、強いのか弱いのか、どれだけ出しているのか、どんな成分なのか、わかるそうです。ちょっと測定してもらおうと思って、楽しみにしています。

危ないからチャリンコはやめました。相手がバイクならまだいいですが、乗用車とかダンプだったら勝てません。もう年ですから健康も兼ねて、ほとんど歩きなのですが、歩いていてもそういう目に遭ってしまいます。どうしましょう。

跳ぶ、ワープする（次元跳躍）という手もありますね。皆さんは笑っていますが、ヒカルランドで本を出している井出治先生は、テスラの再来と言われているすごい先生です。「日本橋に行きたいな」と思って神楽坂で地下鉄に乗ると、一瞬で日本橋の出口を歩いている。井出さんは、本を何冊も書いています。自分でワープできる体質みたいです。

そういう研究をやっている方は、九州にもうお一方おられます。無限エネルギーをつくっています。

テスラさんの地球システムみたいなものが本当にできたので、今、井出さんはヤバイことになってしまいました。メン・イン・ブラック（ＭＩＢ）が、うろうろさせないようにがんじがらめにしているらしいです。担当の編集の人も、連絡がつかないのです。

でも、ワープという技が使えるのですから、実は一瞬で行ったり来たりされているみたいです。

私は、昔の忍者はそういう力を使っていたのではないかと思います。江戸城の天井裏に入って、代々の将軍を何人も毒殺していたわけです。

メン・イン・ブラックは映画の世界だけでなく、本当にいます。私は会ったことがないのですが、身近な人にも話は聞いているし、この間、テレビのバラエティー番組で、アメリカ人と結婚してアメリカにずっと住んでいた女優さんがそういう話をしていました。その旦那さんは土地か何かを売っている営業マンで、あるとき、ＦＢＩにスカウトされた。担当する相手がそういう人たちで、背の高い人と、金髪の人と、グレータイプのアンドロイドと、地下に住んでいる恐竜的な人たちと、4種類いて、政府といろいろやりとりをしているらしいです。バラエティーで「言っちゃいけないんだけど」と言っていましたが、やっぱり言いたいのでしょう。

この会場のスタジオ（Hi-Ringo Yah!）の壁には量子エネルギーのグッズが貼られていて、結界が張られていますから、イヤシロチの場として、すごくいいところになっています。スタジオをつくる前は、この部屋は気持ち悪かったのですが、反響板を入れて、こういう環境にしたら、すごくすっきり、くっきり整いました。ずっとここにいて何かやっていても疲れないのです。疲れがとれるというぐらい癒やされる空間に仕上がったのも、素粒子も電気ですから、電磁気のおかげです。

必須知識、「電波の種類」を解説する

図12（156頁）に電界と磁界の形が出ています。これは環境省のパンフレット「身のまわりの電磁界について」の電磁波の図を、数学的にあらわしたものです〈次頁図13〉。

電波の種類は、LFからEまで、周波数、ヘルツの違いによって分けられています。

呼称の記号は、次の3種類があります。

LF：Low Frequency

MF：Medium Frequency

HF：High Frequency

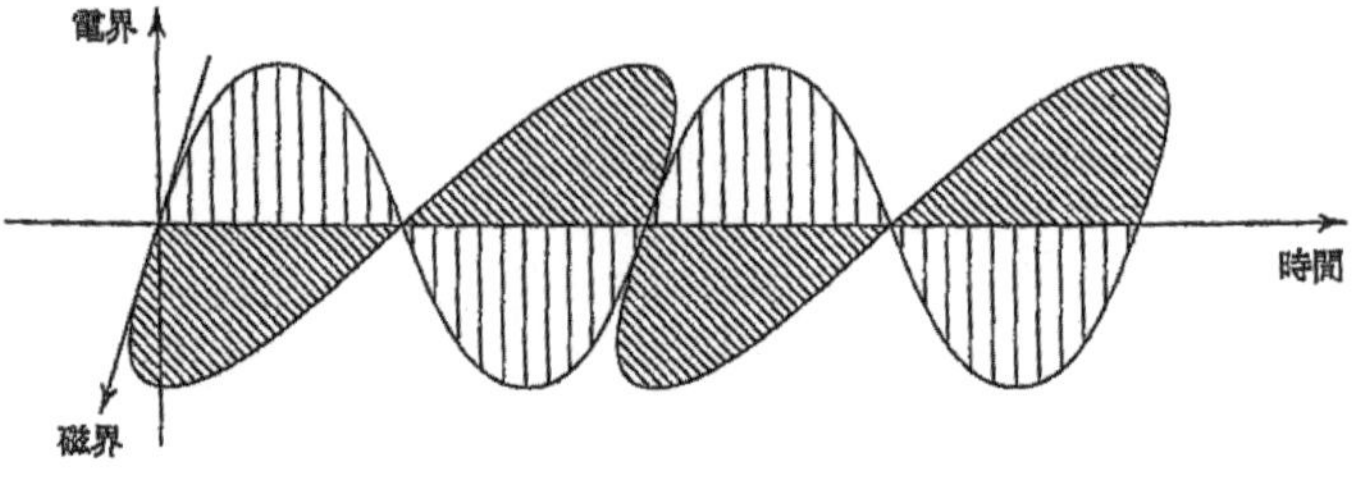

図12

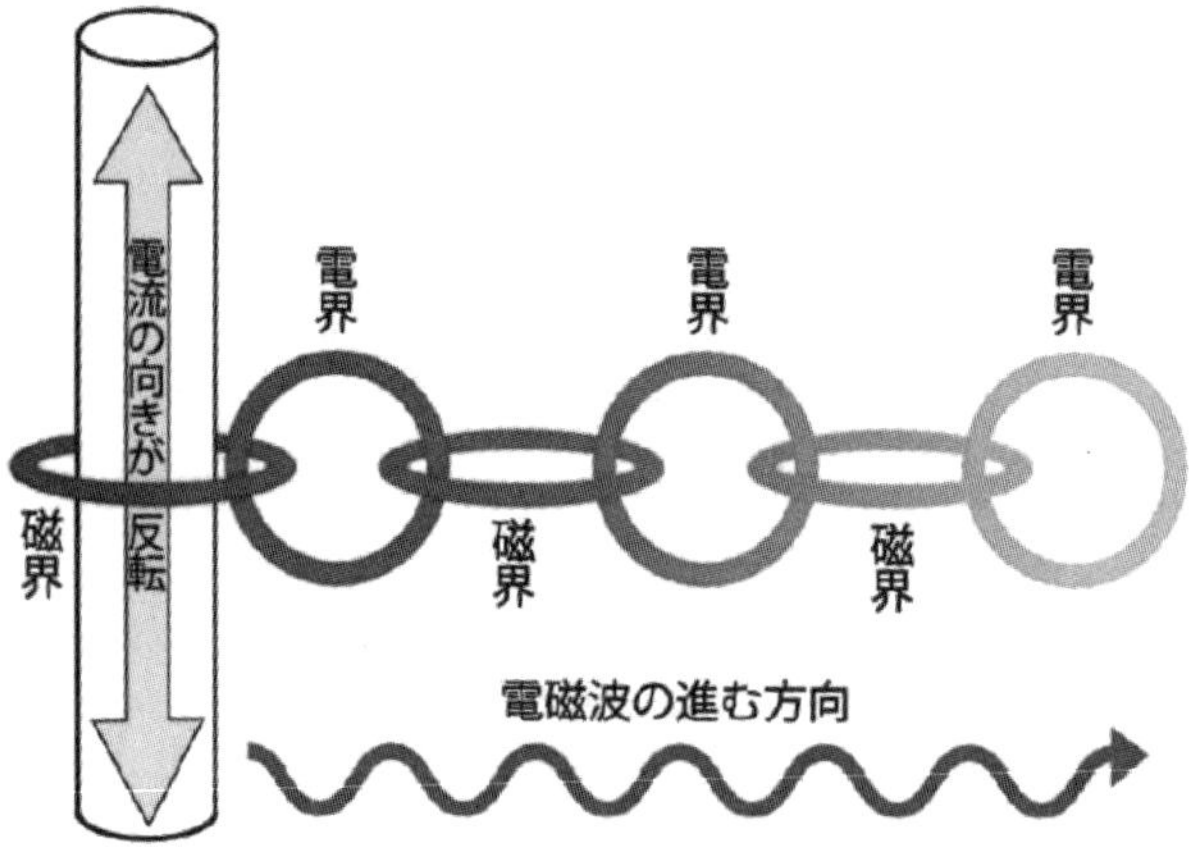

図13

これに、4種類の頭文字をつけます。

V：Very

U：Ultra

S：Super

E：Extremely

今、話題になっている5GはUHFです。

「電波の分類」〈次頁図14〉は、周波数、波長、呼称、主な用途をわかりやすく表にしたものです。

法律では、3kHzから3THzまでを「電波」と呼んでいます。ここにテレビや携帯電話が入ります。

5Gは、周波数2～3GHzで、1波長は10㎝前後の短い電磁波です。ですから、直線距離は飛びません。エネルギーとしては空気の分子に吸収されて負けてしまうのです。

電子レンジは、1kWの強烈なパワーをかけて水の分子を共振共鳴させて、

周波数	波長	呼称		主な用途例	
0 Hz		直流			
1Hz					
3Hz					
30Hz	10Mm		ULF		
300Hz	1 Mm		ELF		
3KHz	100km	超波長	VLF	無線航行	電波
30kHz	10km	長波	LF	標準電波	
300kHz	1 km	中波	MF	ラジオ	
3MHz	100m	短波	HF	海外短波放送	
30MHz	10m	超短波	VHF	テレビ	
300MHz	1 m	極超短波	UHF	テレビ、携帯	
3GHz	10cm	マイクロ波	SHF	中継、衛星	
30GHz	1 cm	ミリ波	EHF	レーダー	
300GHz	1 mm	サブミリ波			
3THz	0.1mm				
30THz	0.01mm	遠赤外線		熱、写真	
300THz	1μm	近赤外線		光ファイバー	
	0.78μm（780nm）	可視光線		リモコン	
	0.38μm（380nm）				
3PHz	0.1μm	紫外線		殺菌	
30PHz	0.01μm	エックス線		レントゲン	

図14

摩擦熱で煮炊きします。これが「レンジでチンする」の原理です。電子レンジの周波数は2・4GHzで、波長は約3センチです。

5Gの電磁波はもう少し低いのですが、その周波数に近く、ブルートゥースも電子レンジと同じ2・4GHzです。なぜかというと、一般機器に開放されている周波数なのです。それ以外の周波数は電波法に基づく縛りがあって、許可が必要です。

5Gが危ないというのは、水の共振周波数に近いところに起因します。私たちの身体は60〜70％が水分なので影響を受けやすいということです。

最近、「テラヘルツ」という言葉がよく言われます。昔、私がいた会社に超能力を研究する部署があったころは、「テラヘルツ」という言葉は専門家は使っていましたが、一般的ではありませんでした。テラヘルツは遠赤外線と近赤外線の周波数なので、超能力の電磁波は遠赤外線と近赤外線の間ぐらいの周波数であるというところまでは突きとめました。そういったものでグッズもつくっていました。30年以上前の話ですから、今考えたら、これはテラヘルツのことだったのです。

遠赤外線、近赤外線は目で見えません。可視光線は７８０～３８０nmで、虹の７色のことです。それよりも高い周波数は紫外線（ＵＶ：Ultra-violet）で、ＵＶケアをしなくちゃねとか言いますが、波長が短くて皮膚に強く当たるとやけどします。海水浴に行くと日焼けするのも紫外線によるやけどで、黄色人種とか黒人種はわりと強いのですが、白人は皮膚がんの原因になると言われています。

日本人はそもそも有色人種ですから、ＵＶケアしなくても大丈夫といわれます。もしＵＶケアしないとぐあいが悪くなってしまうのだったら、農家で畑を耕している人とか漁師のおじさんはとっくに大問題になっていますが、そんなことはありません。むしろちょっと日焼けしているぐらいのほうが健康にいいようです。

放射線をちょっとぐらい浴びたほうが、かえって免疫力がアップすると言う先生もいらっしゃいます。これは本当だと思います。福島で原発の放射能漏れがあったとき、先生方は「みんな免疫力が上がって、丈夫になっていいよ」と言っていたのです。

自分の糖尿病を消した⁉　パラダイス酵母について

実は、そのおかげでいいものもできているのです。「パラダイス酵母」というのを聞いたことがありませんか？　福島のりんご農家が、原発の事故後は農園に入れなかったのですが、戻ってりんごの木をみたら、みんな破裂していたそうです。たぶん原発の影響で突然変異したのだろうと思います。調べたら新種の酵母菌でした（ネットによると、2007年に発見されたそうです）。

その酵母菌は、アンダーグラウンドの3つのルートで流行っています。神道系の人たち、善玉菌だから腸内細菌系の人たち、ハイになれるというのでジャンキー系の人たちです。

私も、これで病気を治しました。その酵母菌のもとが裏で手に入りますから、みんなで分けます。99円の紙パックのりんごジュース（100％還元果汁）が一番いいです。果実の入っている高いのは、よけいな成分があるからダメです。酵母菌を足して放っておくと、りんごの中の糖分を栄養にして酵母菌がどんどん発酵を始めて、糖分がなくなると最後はお酒になります。

発酵中は炭酸ガスをバーッと出しますから、圧が強いので、ペットボトルでつくっているとパンパンに膨れて爆発します。丈夫だからというのでシャンプーのボトルでつくっていた人がいて、爆発してひどい目に遭いました。時々、ガスをプシューッと抜いてやれば大丈夫です。夏場は暑いので数時間でできます。そのぐらい菌が強い。冬でも2～3日ですぐできます。

私は、それを飲んで糖尿病を治しました。入院しろと言われていたのですが、1週間飲み続けていたら正常値になりました。そのときの結論は、腸内環境です。善玉菌を強くつくっておくと、全ての栄養も血液もそこからつくられますから、身体がきれいになる。本当の意味でのデトックスができます。巷で手に入りますから、皆さん方にお薦めします。まだ禁止薬物になっていません。

りんごジュースが発酵中で甘いときに飲んだら、糖尿病がよけい悪くなってしまいます。発酵が進んだら酒になって、お酢になってしまいます。お酒になる直前に、甘みがなくなる瞬間があるのです。そこが飲みどきです。毎日、1日3回、朝昼晩、コップ1杯を飲んで1週間で治りました。たいていの病気は治ります。

いいかげんなことを言ってはいけませんが、たぶんがんにも効くのではないかと思います。腸内の善玉菌は悪玉菌をなくすし、活性酸素（フリーラジカル）も還元します。がん細胞はフリーラジカルの塊ですから、治るのではないでしょうか。今度、がんの人に試してみようと思います。皆さんもぜひ研究してみてください。

ナマモノだから、発酵をここで止めようと防腐剤を入れるわけにいきません。ぬか床と一緒で、年がら年中ケアしていないといつもいい状態にできないから、お店に置いておくことはできません。そういう意味で、売り物にならないのです。もし売るとしたら、ガチガチに冷凍して菌の発酵を止めればいいかもしれません。

エックス線は放射線の一種

紫外線の次はエックス線で、周波数は30ＰHz（ピコヘルツ）です。レントゲンですから、壁でも何でも通ります。身体も骨も透過してレントゲン写真に写ります。

レントゲンを撮っても、身体はわりと平気です。エックス線は放射線ですから、放射能と同じことです。だから、放射線事故があっても少し浴びるぐらいはかえって免疫力が上がって、身体にはいいのではないかという説を唱えていらっしゃる先生がいっぱいいます。

放射線は浴び続けると被曝して、細胞が壊されて、DNAも壊れてしまうから危険ですが、そうでない限りは逆に薬になる。薬も大量に飲んだら毒になります。少しだと体のぐあいがよくなって、治すこともできます。この辺になってくると、薬の領域の話になります。厚労省の見解では、肺とか胃のレントゲン検査は年に2回まではいいとされています。

危ないのはCTです。CTはレントゲンの6000倍の強さです。例えばがん患者は、CTスキャンでがんの部位を調べますが、もっと悪化させてしまうから2度目はやりません。治ったかどうか調べるときはMRIを使います。

MRI（マグネチック・レゾナンス・イメージング）は磁気共鳴で、磁力線で水分を見るので、レントゲンよりは悪くありません。1回や2回は逆に免疫力が上がるから、かえって健康にいいかもしれません。日光浴すれば健康になりますが、それぐらいだと思って構わないと思います。

電磁界にはどのような生体作用があるのか⁉

環境省の「身のまわりの電磁界について―概要版―」の4は「電磁界にはどのような生体作用があるのですか？」というタイトルで、ネズミが熱でチンチンになっている絵があります。これは電子レンジでチンする話です。

電子レンジができたころ、オーストラリアで、洗った猫を早く乾かそうと電子レンジでチンした人がいて、「電子レンジに猫を入れないように」という注意書きが追加されたという有名な話がありました。

今では笑い話ですが、電磁界は危ないに決まっています。

5は「電磁界の健康影響についてはどのようなことがわかっていますか？」です。

「電磁界の健康影響については、『送電線の近くでは白血病が増えるのでは』とか、『携帯電話を使用すると脳腫瘍が増えるのでは』といった懸念を抱いている方々がいます。これらについて、世界保健機構（ＷＨＯ）では以下のような見解を示しています」と、何も言っていないと突っ込まれるから一応書いています。本当に影響があるのです。気をつけてください。

「静電磁界（ＭＲＩなど）については、発がん性の証拠はなく」云々と書いてあります。レントゲンよりはましですが、ＭＲＩも実は危ないのです。レントゲンについては一言も書いてない。あれは被曝ですから危なくて書けないのでしょう。

これについて詳しく書いてある分厚いレポートが、環境省のホームページにあります。突っ込みを入れたい方は、そちらを読んでください。ここでは軽く触れているだけです。

7は「国際的なガイドラインとはどのようなものですか？」という質問で、「非常に強い電磁界に人体がばく露されると、健康影響が生じる恐れがあります」とちゃんと書いてあります。突っ込まれたときに、「ちゃんと書いたぞ。おまえ、読んでいないだろう」と言えます。

最後に9、「日本での生活環境中の電磁界レベルを教えてください」として、日本での生活環境中における電磁界のレベルは、前述しましたが、ICNIRP（国際非電離放射線防護委員会）ガイドラインの指針値の数百分の1〜数分の1以下なので問題ないですよと言っています。こんなところは人里離れた山の奥にしかないです。「ポツンと一軒家」ですね。安全・安心が欲しければ、ああいったところに引っ越されることをお薦めします。でも、一応書いてあります。

電磁波のシェルター

電磁波のシェルターはつくれます。「アーシング」を唱えている先生もおられますが、金属の金網でシールドする。金網の網目は細かい六角形です。波長5センチですから、大きい網目では通過してしまいます。吸収できる金属でできた細かい網目で囲った家で生活していれば、都心でも電磁波の影響は防げます。

送電線の下に住んでいる人は、金網ぐらいでは強い電磁波を防げないと思うので、家をスレートのトタン屋根にしたり、コンテナのようなものに住んで、アーシングをちゃんととれば比較的安全だと思います。

ちょっと高いですが、電磁波吸収体の塗料もあります。ステルス戦闘機とか電波暗室で使っています。気になる人は、せめて自分の寝る部屋だけでもそういうので囲ってあげれば大丈夫です。

日本を抑えつける力に対抗する草の根運動

日本は、技術は持っていますので、どうなりたいか、どうしたいか、それにはどうすればいいかというところを考えると答えが出てきます。そうさせないような力は、医薬、エネルギー問題、人種の問題を含めて、全てにあります。表の勢力と闇の勢力のせめぎ合いでずっと来ているのです。それをひっくり返すには、お一人お一人がどう考えるかです。向こう側に行きたいという人が多かったら難しいのですが、今、その小競り合いで戦争をやっています。あれを見ればそのとおりです。

日本は第2次世界大戦に負けて、アメリカの属国として、そこを超えないように教育から何から全部抑えられてしまいました。表向きは抑えつけられて、がんじがらめでどうにもできないのが現実です。

証拠はたくさんあります。アメリカには零戦のトラウマがあるのです。彼らは事前にわかっていたという説もありますが、真珠湾攻撃で壊滅状態にさせられたあのとき、零戦の性能は世界一だったので、かなわなかったのです。原爆を落として日本を抑えつけて、二度と零戦はつくらせない、武器弾薬は持たせないというので、日本人は誰も銃も刀も持っていません。そういう国に仕立てられたというのが現状です。

零戦のトラウマがあるから、日本製の飛行機をつくらせないのです。三菱重工のジェット旅客機MRJは結局ダメにさせられました。ホンダのジェット機は、ブランドだけ「ホンダ」が入っていますけれども、100%アメリカでつくったから、うまくいきました。

昔、YS―11というプロペラ機がありました。あれはプロペラをつけていたから日本の国産でできました。プロペラはついていますが、実はピストンエンジンではありません。ターボプロップといって、ジェットエンジンにプロペラをつけて回転させていますが、実はエンジンは外国製でした。

学校の教育も六・三・三制で、昔の尋常小学校はダメだ、その前の寺子屋なんかなおさらダメだというので今に至っています。考える力をつけさせないようにしています。私は東京工学院専門学校と大学の録音や映像を扱うプロの養成コースで電磁気学の基礎を教えていますけれども、高校を出て18歳で来る子たちは見事に何も知りません。ここまで教育は進んでいます。今はアルファベットの筆記体を書けない子たちも多いです。大文字のAとかBは辛うじて書ける程度です。

政治家はみんな、媚びを売ってあちらから給料をもらって生きているのです。そうでなければクビになります。

だから、私たちは、草の根運動で本当のところを少しずつ広めていければいいなという気持ちでやっています。

昭和歌謡リクエスト大会

藤田　先日、アナログの音を聞ける設備がやっとそろいましたので、たまたま私がかかわっていた昭和歌謡のアナログのレコード盤をこちらにずらっと並べて、皆さんのリクエストで聞いていただきます。

これは40～50年前の録音で、アナログのレコードは昭和の時代にしかつくっていません。その後はデジタルになってしまったので、ほとんどないのです。今ちょっとブームが戻ってきて、若干つくられているそうですが、100万枚、200万枚のヒット曲は昭和の時代にしかありませんでした。それらを持ってきましたので聞いていただければと思います。

40～50年前はオーディオの装置が古かったのですが今は進化して、このスタジオには一番新しい考え方のシステムが入っています。40〜50年前を最新の装置で聞くとどう聞こえるのか、こんな音だったんだというのが確認できるのではないかと思います。

私の思いとしては、今はまだ50％ぐらいです。プレーヤーとかメカが完璧でないと、レコードに刻んである音を１００％再現できないのです。溝をひっかくからとりあえず音は出るのですが50％ぐらいなので、今、１００％のクオリティーを目指したものを特注でつくっている最中です。５月の連休には間に合いますので、５月５日にアナログ大会をやろうかなと思っています。

きょうはそのプレバージョンですが、昔の音が楽しめます。皆さんお一人１枚、これを聞いてみたいなというのを決めてください。

レコードの掃除には、百均のメイク用ブラシが細かくていいのです。ナガオカとか、レコード専用のブラシがありますが、あれよりもこっちのほうがよっぽどきめ細かくて、ちゃんと取れることを発見しました。まず、これでほこりを取るという作法がアナログでは一々要るのです。レコード針もごみを取ります。

まず、レコードの入口の5ミリぐらいのところに、イングループという、音に行くまでの溝が3周ぐらい彫ってあります。ここも5ミリぐらいの幅です。針が外側に落ちるとまずいですから、そこだけ実は微妙に斜めにプレスしてあって、そのどこかに針が落ちると必ず内側に行きます。

（尾崎紀世彦「また逢う日まで」）

参加者A　その雑音が何とも言えない。

藤田　このパチパチいう雑音はスクラッチノイズというのですが、アナログならではのノスタルジックな音です。

尾崎紀世彦さんのバックミュージシャンは、ジャズのビッグバンドが演奏していました。アナログの時代のよさです。

（アン・ルイス「六本木心中」）

参加者B　私、鳥肌が立っちゃいました。音楽は耳でなくて、身体で聞くんですかね。

藤田　もちろん両方聞こえています。

参加者B　ライブみたい。

藤田　これがアナログで、もとの音と同じ波面が出る理屈の最新のスピーカーです。

参加者A　途切れていないので気持ちいいですね。デジタルだと上下をちょん切っている。

藤田さんは、レコーディングとかミキシングにかかわったんですか。

藤田　そうです。大瀧さんはソニーなんですけれども、デビュー前から40年ぐらいつき合いました。突然死しちゃったんですね。ここで聞かせてあげたいぐらいに思っているんですけど、たぶん来ていますよね。2年がかりでアルバム「A LONG VACATION」を仕上げていますから、思い出はすごくいっぱいあります。

（大瀧詠一　「君は天然色」）

参加者A　圧倒的な情報量です。こんなに入っていたんですね。一発目のバスドラは聞いたことがなかった。すばらしい。

藤田　これを聞いて思い出しましたけれども、歌を入れるとき、バックのバンドの音を聞きながら、ボーカルは最後に吹き込むんですよ。大瀧さんはシャイなので、スタジオを全部閉めて、ミキシングコンソールがあって、自分専用のマイクを持ってきて、一人でマイクを立てて歌って吹き込んでいました。誰にも見せないのです。

（太田裕美「木綿のハンカチーフ」）

藤田　たまたまこのレコーディングは、業界に入って初めて録音に携わって、アシスタントでアナログのテレコをいじった思い出があります。

（岩崎宏美「センチメンタル」）

藤田　岩崎宏美さんは、私が直接やっていました。

何せ40年ぐらい前の機材で、機材も古いのです。

参加者A　これはいいスピーカーですね。

藤田　いいというか、正しい波形が出る。好きか嫌いかは個人差があると思うのですけれども、正しい波形しか出さない、それだけなのです。

参加者A　ミキシングしている人はわかりますね。

藤田　これを使うと正しくレコーディングできます。そういう意味からすると、モニターのスピーカー自身は世の中にいいものがないので、99％ダメなのです。

（桜田淳子「天使のくちびる」）

（松田聖子「夏の扉」）

藤田　「A LONG VACATION」の3曲目。ごく最近、クルマのコマーシャルで使われていた「カナリア諸島にて」。

参加者B　3曲目って、手で合わせるのですか。見当がつくんですか。

藤田　どうぞ見てください。1曲目、2曲目、3曲目、少しすき間があいているでしょう。曲間の無音が4秒間あるので、その間に針を落とすのです。LPは片面で5～6曲入ります。両面で12曲というイメージでやっています。

（大瀧詠一「カナリア諸島にて」）

藤田　ありがとうございました。（拍手）

サウンドヒーリング実習教室

Section ⑤

時間と空間の話

2022年４月９日（土）
Hi-ringo-Yah!

素粒子の質量

私たちが生活している地球を取り巻く環境はどういうものでしょうか。

全ての物質は、原子と電子という、いわゆる素粒子と言われる物体でできているということがわかっています。素粒子という一番小さい物体は何でできているのかというのは、まだ解明されていません。小さ過ぎて見えない。原子ぐらいまでは電子顕微鏡で直接観察することができるようになりましたが、それを構成している物質は見えません。

では、どうやって確認するのか。素粒子の質量（重さ）です。物質を天秤にかけると、重いほうが引っ張られて、軽いほうが反対向きに上がるということが重力の法則でわかっています。その法則を利用すると数値化できるので、その式によって求められます。

前半では、そのお話をします。

きょうは世界で2番目にいい音を

後半は、音楽を聞いていただきます。先週、聞いていただいたときに、誰かさんが来ていたずらして、完璧な音が思いどおりに出せなかったのです。その前日にアナログが聞けるシステムがそろったので、やっつけ仕事でやったのも不具合の原因の一つですが、それ以上に、ちょっといたずらに来た人が、私の感覚では約2名いらしたと思います。

前回のリベンジではないですが、今回は、世界で2番目にいい音質にしました。世界で一番いい音質は来月（5月5日）にお聞かせします。これまたいいたずらされていて、受注生産品なのですが1週間前に買われてしまいました。欲しい、欲しいと強く念じていると、どこかのお金持ちのオーディオマニアさんに思いが飛んでいくのです。その人が先に買っていってしまいました。そういうことがあるのです。

エジソンがレコードを発明したときに、溝を彫って音を記録するという方式を、エジソンとほとんど同時にフランスの人が発明していたのです。レコードはエジソンが発明したことになっていますけれども、特許を3日早く出願したというので、本当はどちらが先かわかっていないのです。何千キロも離れたところに偶然同じ思いを持った人がいるという現象が起きるのです。それはなぜかというのをきちっとご説明します。

楢崎皐月先生の『静電三法』

「宇宙対向の静電気」は、楢崎皐月《ならさきこうげつ》先生の『静電三法』の中で解説されています。それを絵解きしたのがこのイラスト（次頁図参照）です。地球の磁場と太陽風でオーロラができるのです。

『静電三法』の文面を見ると、用語がすごく古く感じます。明治生まれの先生で、70年代にお亡くなりになっています。先生は資料だけ残して、まとめずに亡くなったらしいのですが、お弟子さんたちが何人かいらして、世のため人のためにまとめ上げて、6冊ぐらいの分厚い本になっています。

アインシュタイン、エジソン、テスラ、ベルと同世代で、1800年代に活躍された先生方です。私は個人的には、1800年代にすごく進化した人たち

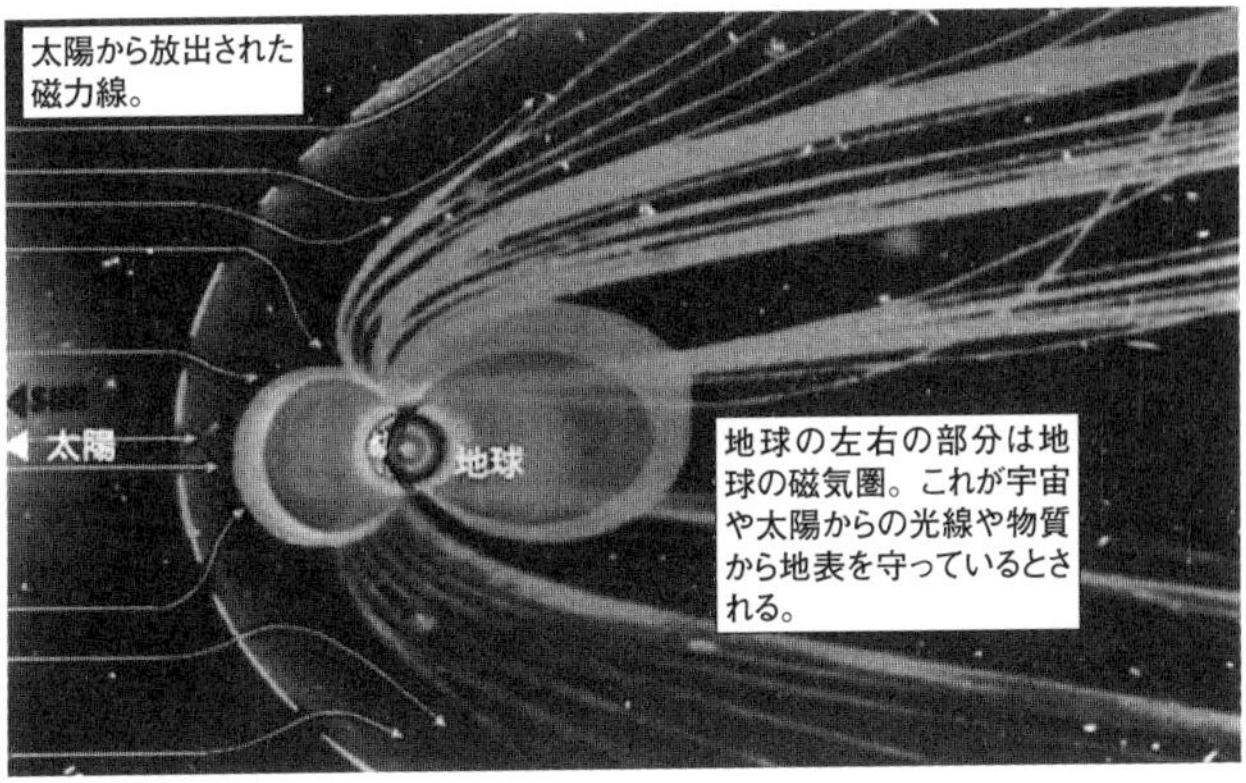
太陽から放出された
磁力線。
太陽
地球
地球の左右の部分は地球の磁気圏。これが宇宙や太陽からの光線や物質から地表を守っているとされる。

太陽光による電磁場

がたくさん降りてきて、教えてくれたのだと思います。その時代に質量とか、原子力とか、原子、電子というものがわかってきました。精度のいい顕微鏡が発明されたり、ハッブルさんが宇宙理論をほぼ解明しました。

ガリレオ・ガリレイの時代は、地球は宇宙の中心で止まっていて、地球の周りを宇宙がぐるぐる回っているという天動説がキリスト教の教義だったのですが、ガリレオ・ガリレイはその理屈に異を唱えたので投獄されてしまいました。

18世紀は、それにつながる先生たちが、そうではないんですよと具体的に証明した時代です。その中で、日本人で唯一、それを具現化して説明してみせたのが楢崎先生です。このイラストは、楢崎先生の教えを知っていた先生が、いろいろ調べてつくってくれたものです。

「宇宙対向の静電気」の最初には、電気は相対的に対向していて、プラスとマイナスがあると書いてあります。

これは、この教室の最初に説明した原子核と電子の関係になるのですが、それがまだ見えていない時代にちゃんと記述しているのです。ある意味、予言もできていた先生ではないかと思います。この先生の理屈は、今わかっているところでは、ほぼ正しいのです。

「この無限遠という表現を、我々一般人の理解または概念に従う表現として宇宙対向と称したのである」と、先生が言葉をつくりました。

読んでいただくと、宇宙は広い世界の具体的な場所であるということがわかります。そういう表現の仕方をしています。

「人間には共通する感覚として拡がりの感覚がある。即ち時間的拡がりと空間的拡がりの感覚である」。ですから、時間と空間、時空がタイムウェーバーにつながります。共通の項目を研究していくと、みんなが行き着く先がこのあたりなのです。非常におもしろいと思います。

宇宙空間を客観的に見るということを考えると、「人間はこの空間的位置を占有するものを、物の像或いは物体と言う」と表現しています。見えている物体を我々は「形があるもの」といいますが、「宇宙的空間の位置を占有するもの」というのが正しい表現なのです。学術的に説明すると、こういう言葉になるのですね。

そして、物体は、「大きい物から小さい物に分かれ、小物から微粒に分かれ、微粒は超極微の粒子に分かれて、際限もなく微細化されることを知覚した」と書いてあります。先生は理解されていたのです。これが極微の世界で、素粒子(クオンタム)の世界です。

ここから先が結構おもしろくて、「従って、存在認識可能という有限の世界が、自然界であり宇宙である」。これが宇宙の概念です。存在認識可能な物体全てが宇宙なのです。

星空に無制限に惑星があって、天体があって、いっぱいちりばめられています。逆に、ミクロの世界、極微の世界を見ると、原子、電子、素粒子が、宇宙にちりばめられている星のように存在している。だから、同じものだとおっしゃっている。自然界であり、宇宙である。これに集約されるのです。

次に、これまたおもしろいのですけれども、「しかし一方において、人々は客観のできる像や物体の代表的存在である太陽・月・星の如き天体を観察して、次のような知覚を得た。即ち、天体は絶えず運動状態を続けて、しかも規則的な運行であるという知覚である」ということです。これがいわゆる「天動的知覚」で、天動説につながるのです。

楢崎先生は、古代の人を「上代人」と呼んでいます。今から4万年～1万5000年前、旧石器時代から弥生時代の手前ぐらいまでの約2万5000年の間に、日本列島に固有に栄えていた人種、縄文人です。縄文時代は世界的に日本以外にはないのです。

「日本の上代人はかかる超極微の粒子を『いさ』と表現し、『いさ』の静の状態を『いさなぎ（凪）』、動の状態を『いさなみ（波）』と言っている」。止まっている状態は凪であり、動いている状態は波であると、縄文時代に言っていたのです。トリハダ物です。それを明治時代の先生がちゃんと説いているのです。

その次に、「この2種類の結合で客観のできる物が生成されるという観念をいさなぎ・いさなみの両神が結婚せられて万物を創造し給うた、或いは拡張して我が国土を創造し給うた」という、神話につながる全く正しい説を説いています。実際こういうことだったのです。神様が2万5000年続いた平和な縄文時代に貢献して、その1万年後の西暦1800年代に、神様たちが原子物理学の分野を説いたというのが私の解釈です。

日本は神話に託してこういうことを言っていると書いていますが、「また、中国における上代人は空間を密に占位する超極微の物を気と表現し、気の静の状態を陰気、動の状態を陽気と言っている」。気功はいまだに何万年も続いている、体を整える方法の一つです。

ここで、今スピリチュアルで言われている話がほぼ集約できるのではないかと思います。

地球も人間の細胞も7・8Hz

地球の磁気圏が宇宙や太陽からの光線や物質から地表を守っているとされています。この守られている地球の中で私たち人類は生き長らえて、生活して知恵もつきました。動物も植物も、犬でも猫でも全部頭脳はあるので、知恵はちゃんとついています。知恵のつき方のレベルが若干違うだけで、芸でも何でもできます。

では、地球自身はどういう振る舞いをしているのでしょうか。「空間の電磁波がなぜ7・8Hzか？」ということで、ここで周波数と振動の話が登場します。

水が液体で存在している星は、ほぼ見つかっていません。アンモニアとか、ほかのガスが液体で存在している星は見つかっていますが、地球のように水が液体状で存在している星はないのです。だから、地球に生命が生まれたのです。それが証拠に、私たちの身体も60〜70％は水でできています。それより寒いとカチンカチンに凍って固まってしまいます。

なぜかというと、地球は振動して止まらないのです。そもそも原子、電子レベルで動いているから止まらなくて、ブラウン運動をしているのですが、もっと大きい領域になると、地球自身が振動しています。

1952年にシューマン共振の仮説が発見されていましたが、1958年にアメリカの人工衛星「エクスプローラー1号」で地球の呼吸音をちゃんと確認できました。これが7・8Hzから20・3Hz、60Hzという周波数と振動のスペクトルで表示されました。7・8Hzが私たちの身体の揺らぎ、即ちアルファ脳波です。

身体はエーテル体です。アインシュタインは、エーテルとは何だろうというので物理学を極めていったら、相対性理論に行き着いて、原子というものがあることがわかったわけです。

地球表面にはマグマの振動があります。上空には電離層があります。２００0年前、身体の周波数は地球を取り巻く環境からもらっているということに気がついていました。人間の潜在意識の7・8Hz、10Hz、13Hzは、アルファ脳波と共通しています。

「全ての細胞は振動している——MV（マイクロバイブレーション）」ということが、現在わかってきています。

運動機能を備えていないのに、細胞は7・8Hzで振動していて、どの細胞も、マイナス60mVで空間の電磁波で揺さぶられています。

これがまさに身体は電気で動いていることの説明になります。細胞自身が地球の7・8Hzの振動を受けていて、もっと言うと電磁波の影響を受けている。マイナス60mVは1mVの1／60ですから、極微の電圧です。

昔は、人間は60兆個の細胞でできていると言われていましたが、数を勘定した人がいるのです。遺伝子工学でゲノム編集とかＤＮＡ合成の研究者が細胞の数を勘定したら37兆個でした。37兆個×マイナス60mVは数Ｖになるのです。

１００ｍを10秒で走る人は、１００～２００Ｖというものすごい電圧をかけて筋肉を動かして走っています。ウサイン・ボルトは名前と一致しているから新記録が出せるのですね。ほとんど感電状態で走っているから、エネルギーもどんどん出る。思いっきり走った後は、エネルギーを使い果たして倒れ込んでいます。

理屈で全部つながっていて、不思議な話なんか何もないというのが私の持論です。わからなくて不思議だというのは、まだわかっていないだけで、不思議でも何でもないのです。最終的には、理屈はちゃんとあります。

アメリカのトムスクには、宇宙監視センターという宇宙艦隊みたいなのが本当にあるのです。アメリカに追従して日本も自衛隊に宇宙軍をつくりました。ＵＦＯが普通になってきたから、ちゃんと対応しないといけません。何も知らなかったでは済まされない時代になってきているので、きちっとしましょうとつくり始めました。いいことだと思います。

電磁波はバンアレン帯のプラズマ振動で、トムスクの宇宙監視センターによると、7・8Hz、13・6Hz、19・8Hz、25・4Hzは、全部アルファ波、ベータ波の周波数と一致しています。地球の振動と身体は共振共鳴状態にあります。

次は「遠隔ヒーリングのメカニズム」についてです。宇宙対向の理論では文章で言っているのですが、具体的には、誰かが何かを思うと、地球の磁場を通して遠隔地に伝わります。ヒカルランドにも、遠隔治療の先生がいらっしゃいます。スマホでお願いすると遠隔でリバランスとかしてくださるのは、この理屈です。何がそうさせているかというと、素粒子であるクオンタム（量子）エネルギーです。

ヒーラーから電離層までは、テラヘルツという電磁波のエネルギーで届きます。電波の発生のときに説明しましたが、電波は空中を宇宙空間まで飛んでいきます。私たちの脳みその働きを司っているシナプスに流れる電流がテラヘルツという周波数に乗って、遠くまで飛んでいきます。だから、テレパシーで交信もできるし、遠隔治療もできます。最初に申し上げたように、エジソンとフランス人の思いがつながってしまったのです。

私も最近、そういう目に遭いました。レコードの非常に高価なカートリッジをこのスタジオに導入したいとだいぶ前から思っていたのですが、きのう社長に許可をもらって、今朝買いに行ったら、1週間前に売れてしまっていました。思ったら飛んでいくので、思ってはいけないのです。私が抱いた強い思いが、感じる人に伝わって、先に買われてしまいました。こういうことはあるのです。

前にも言いましたが、「虫の知らせ」とか、誰かさんのことを思ったらその人から電話がかかってくるとか、お手紙が来るとか、知らせが来るという話はよくあります。それは、宇宙で電磁波が全てつながっているからです。

脳波の周波数と意識状態（アルファ波）

次は「脳波の周波数と意識状態」についてです。

脳波を測定して、波形をちゃんと確認します。アルファ脳波は測定器まで開発して、私たちも確認していますので、間違いないデータです。

脳波がベータ波のとき、アルファ波のとき、人の意識状態はどうなっているでしょうか。

ベータ波（15〜26Hz）のときは、緊張感や焦燥感、不安やイライラなどの大脳の活動状態を反映しています。興奮状態にある。周波数が高いのです。

ファストアルファ波（12〜14Hz）のときは、一生懸命に意識集中した状態で、リラックスしておらず、あまりゆとりがありません。

ミッドアルファ波（9〜11Hz）のときは、リラックスした集中状態で、頭が冴えています。

スローアルファ波（7〜8Hz）のときは、無意識集中、休息集中など、意識が低下したまどろみ状態です。

例えば座禅を組んで瞑想を始めて何十分かすると、脳波は7〜8Hzぐらいになって、地球の振動数と同調した7・8Hz状態になります。右に「自然の知恵、からだの健康」と書いてありますが、一番いい状態です。いつもこの状態にしておくと、病気知らずで薬は要りません。ストレスもなくて健康です。

ただし、この状態にするのには都心の密集の中ではほぼ無理です。都会では、電磁波が飛びまくっています。今は携帯も5Gで、周波数が高くて身体に危ないといっぱい言われています。ああいうものが飛び交っていますから都心ではダメです。「ポツンと一軒家」に行ってください。

前回お話しした電磁波がない安全な場所で瞑想すると、スローアルファ波がちゃんと実現できます。

「能力」というのは、脳みそ自身に力がどれだけあるかということです。身体は脳を支える物体で、脳自身がメインの生命活動になっているわけです。

「心の状態が脳機能に影響し、脳波に反映される」ということで、脳力①、②、③とします。わかりやすく表現してあるので、いつも知っていることのように自分の中にインプットしておいてください。いろんな場面で役に立ちます。病気で病院に行くときにもすごく役立ちます。

脳力①は健康維持力、自然治癒力で、けがや病気を防ぎ容姿を整える力です。脳波は8 Hzが優勢です。

脳力②は脳力発揮体勢で、知能・技能を発揮する頭脳、勘やヒラメキ・予知的な頭脳です。脳波は10 Hzが優勢です。

脳力③は逃走・闘争体勢で、危険を避け、不安・不快を解消するために発揮する脳力です。脳波は12 Hzが優勢です。

脳は部位によって人間の基本的な欲求を司っています。

私が一番重要だと思う部分は視床下部です。視床下部の松果体は第7チャクラです。なおかつ、「第3の目」で、水晶でできています。人間の目には水晶体がありますが、同じものが脳の中にも入っています。1㎝ぐらいの丸い球らしいです。目と同じ構造なので「第3の目」と呼ばれています。そこが、いろんな考えがピカッとひらめくことが始まる部分ではないかと思います。

人間の脳を縦に切ってみると、上が大脳皮質で、脳下垂体が一番下になります。脳幹には中脳と橋と延髄があります。

脳梁の構造に男性脳、女性脳の違いがあるのです。脳梁の数が、女性のほうが多いらしく、そのために、男性は単純明快で、女性は複雑怪奇です。思いがしょっちゅうころころ変わるでしょう。「女心と何とやら」とかという言葉になってあらわれます。ほかの能力は、そんなに問題になるほどの違いはありません。

では、具体的に私たちはどうすればいいのでしょう。

次は「スローα波とミッドα波強化のために　日常できるメンタルトレーニング」についてです。

①一日終わって寝るとき、「よかった！　ありがとう！」という感謝の心。
②朝起きたとき、「よく寝た！　きょうもいいことがあるぞ！」という期待感。
③食事のとき、「おいしそう！　おいしい！　おいしかった！」という期待感と満足感。

というポジティブな心構えを持つことです。

ここにはネガティブな言葉と不満は一切ありません。これが大事です。脳が活性化して、神経系を通して身体全体に命令が行って、脳内ホルモンが全身に伝わって、免疫細胞が活発に動いて免疫力が上がって、病気にならないというところにつながります。

次は「リラックスして脳力が発揮できる状態へ導く方法」についてです。

自律訓練法では「手足が温かく感じる」、「おなかが温かく感じる」、「眉間が涼しく感じる」のいずれかを感じたら、言葉との条件づけと、イメージとの条件づけをすることで自己暗示を行い、気持ちや体調の安定を目指します。

これは都会の喧騒状態でやっても効きません。やはり「ポツンと一軒家」に行って、外界のノイズがないところでやってください。身体の細胞はマイナス60mV（0・0000何V）の揺れの世界ですから、そこまでしないと自分の神経系まで思いが至りません。

例えば山奥にあるお寺の宿坊での瞑想体験とか、修行体験をされるのもいいのではないかと思います。薬をもらうのと同じようなことです。そうすると、この理屈が具体化して、自分自身が変わっていくことがわかります。

結論として、「現代科学においても重畳《ちょうじょう》の状態という表象は量子という物の本性であり、属性であると見解している。観念哲学の絶対の状態は、超極微のいさや気という物が超客観の天然界からの作用に基づく賦与された物性であると見解している」と、明治時代にこういうことを言っているのです。どれだけすごい先生なのでしょうか。

「天然界」とは、宇宙全体のことです。それに対して、「自然界」は地球上のことだけです。もっと広い視野を、楢崎先生は「天然界」という言葉で言いあらわしています。こういうことを学んでいただけると、さらに理解の度合いが進むのではないかと思います。

地磁気の逆転、チバニアンについて

チバニアンは、千葉県の真ん中辺に流れている養老川の養老渓谷、市原市田淵にあります。近くに小湊鉄道の単線が走っています。

ジュラ紀とかカンブリア紀という地質年代がありますが、2020年にチバニアン（千葉時代）という命名ができました。地球の歴史の教科書に載るぐらい大変なことです。

ここには、地球の北と南、地磁気の逆転（ポールシフト）が起きた証拠がちゃんと残っています。ポールシフトを示す地質は世界で2カ所発見されていて、一番大きかった場所がこの養老渓谷一帯です。もう1カ所はイタリアの南のほ

図15

うですが、規模が小さくて、はっきりしません。完璧にはっきりしているのが千葉県の養老渓谷です。

ここに地層の写真があります〈図15〉。点線があって、この点線の上と下の地層で、地球の北と南が逆転していた時期がはっきりとわかります。

私は「ゼロ磁場」に興味があって、ここへ行きました。最近、「ゼロ磁場」という言葉をよく聞くようになりました。ゼロ磁場のグッズと称して、はっきり言って、いいかげんなものが売られています。

ゼロ磁場には、実は3つの意味があります。

一番大きいゼロ磁場は、有名な分杭峠（長

野県伊那市）です。日本列島の造山運動でプレート自身が寄せ集まって、力が働いて、磁石がきかなくなるくらいエネルギーの強い場所です。重力のほうがまさっています。4万年ぐらい前、たぶん縄文人がいたころに、そこには1万mぐらいの山があったそうです。富士山の3倍ぐらい、エベレストよりも高い山があって、あまり高過ぎて、その後、地震で崩れてしまいました。その跡が八ヶ岳といわれています。

神岡町（岐阜県飛驒市）の地下にスーパーカミオカンデを掘って、ニュートリノという素粒子を見つけてノーベル賞を取りました。なぜかというとゼロ磁場で、エネルギーが奪われたり引っ張られたりしなかったからです。

もう一つは、富士山の裾野の青木ヶ原です。磁石がきかないから迷ってしまって、入ったら出てこれません。実は鉄分の多い溶岩でできているので、本当に磁石がきかなくて方向がわからなくなります。森の中にいると景色がみんな同じに見えます。晴れている日は太陽の位置でわかりますが、曇っている日は本当に危ないです。

それと、チバニアンのポールシフトが起きて磁石がはっきり定まらないゼロ磁場です。

パンフレットに、地球のSとNが逆転する模様が書いてあります。実は大変なことが起きていたのです。もちろん地球のSとNは1日で急にひっくり返るわけではありません。養老川流域の田淵で調べたら、2000年ぐらいかけて、徐々にひっくり返っていきます。

今は徐々に変わる直前らしいです。ちょっとずつずれてきていて、今一番危ないのは南太平洋のある場所で、そこに大きなゼロ磁場のスポットができていて、その上を飛ぶ人工衛星はみんな落ちてしまうそうです。人工衛星はGPSで方角を定めて、いる位置とか、行くべき方向を見ているのです。ゼロ磁場ではGPSがきかないので、北も南もわからなくなってしまいます。旅客機のオートパイロットもGPSで動いていますから、地球のSとNは非常に重要です。

地軸の逆転は大体数万〜数十万年ごとに1回ぐらいの頻度で起きています。一番近い逆転は約77万年前で随分たっていますから、そろそろ起きてもいいわけです。SとNは数千年かけて逆転します。その逆転している最中には何が起きるのか。SとNが全くなくなる時期があるわけです。

動物や魚、渡り鳥、植物、自然界の生き物は北と南を判断して、それをもとに動いています。体の中に方位磁石を持っているのですが、それがきかなくなってしまうのです。そうすると生態系が崩れて、動物はほとんど死滅してしまったということも言われています。その証拠に、この地層の前後は化石だらけです。当時の生物群が絶滅した跡があるわけです。

恐竜が絶滅したのは小惑星がぶつかったからだという説がありますが、これもそうで、1万～2万年ごとに一回リセットがかかっています。

これも磁場の影響ということは、ホワイト量子エネルギーの力による作用でも、生態系が全部崩れるぐらいの非常に大きなエネルギーにつながります。地球の上で戦争なんかやっている場合ではありません。こういうときに備えて、どうするかを考えておいたほうがいいです。

考えている人たちもいます。それが宇宙軍です。お金持ちの人は、みんな宇宙旅行に行きます。あれは火星にどうやって家を建てたらいいかを宇宙人と相談しているらしいです。

チバニアンに行くには、小湊鉄道の月崎駅で降りると駅の中に案内があったと思います。送迎バスも出ていたような気がしました。渓谷ですから結構入り組んだ山奥ですが、千葉県だから大した山ではありません。少し坂を登ったりおりたりというところです。

まず入口にビジターセンターがあって、ちょっとした駐車場もあって、そこから500～600m歩いてゼロ磁場の現場に行くのです。学芸員さんが何人かいて、グループごとに有料で全部説明して、その現場まで案内してくれます。本も出ています。講座では簡単なパンフレットをお配りしましたが、もっと分厚いパンフレットがいっぱいあります。

ゼロ磁場のエネルギーとはどんなものか、磁力がない場では何が起きるんだろうという興味が個人的にあるものですから、分杭峠とか、神岡町とか、富士山にも行っています。

地球環境は磁石があるから全ての生活が保たれているので、地球の回転も磁石のおかげです。磁力線がなくなるということは、地球の中の核の回転が不規則になってしまうから、おかしなことになります。

地球の中の核は溶けた鉄なのです。その鉄がぐるぐる回って摩擦することによってブラウン運動を起こして、ジュール熱が発生して、電気が起きます。地球自身が発電機なのです。その電界が磁界になって、地球にSとNのポールができる。

その核の回転が不規則になると、磁場が乱れて極が定かでなくなって、挙動不審になってきて、しまいにはSとNが逆転するというようなことが起きるのでしょう。そのきっかけは何かというと、太陽活動の影響とか、いろんな説があるのですが、はっきりわかっていません。

たまにイルカなどが大量に海岸に打ち上げられるのも、その影響だと思います。

人間も影響を受けるでしょう。人間はどの方向を向いて寝るのが正しいか。

あるいは、死んだ人を北枕に寝かせるというのも、それと関係していると思います。

外界のノイズが静かな日に部屋の真ん中で座禅を組んで、集中して7・8Hzと同調して、整えた状態で頭の向きをいろんな方向にして寝転がってみると、心地いい方向、あるいは何かもぞもぞして嫌な方向がわかってくると思います。やってみてください。

私の場合は、北から6度ぐらいずれた向きがちょうどいいので、そういう枕の向きにしています。

いろんな説があります。太陽が昇る東を頭にしたほうが上り龍でいいとか、西は太陽が沈む方向だから毎日落ち込んで寝るとか言っていますが、生活に影響します。

あとは、言葉です。寝るときには「よかった！　ありがとう！」と唱えてください。朝起きたときには、「よく寝た！　きょうもいいことがあるぞ！」と言う。そういう言葉も当然影響します。

コズイレフ・ミラー

最後に、ニコライ・コズイレフのコズイレフ・ミラーを紹介します。

ニコライ・コズイレフは天才物理学者で、宇宙物理学が専門で、しかも祈禱師、シャーマンでした。ヨーロッパの祈禱師は、悪魔払いや、時空を旅するタイムウェーバーを研究していました。

ヒカルランドにあるタイムウェーバーは身体の中の電子状態を見る装置ですが、コズイレフはカプセルの中に入るタイプを開発しています。私は体験したことがないから想像ですが、これは強力だと思います。皆さん、機会があったら体験してみてください。

コズイレフは、ハッブルが提唱していたアンドロメダ星雲を時間波望遠鏡、いわゆる電波望遠鏡で見て、アップの写真を撮りました。

また、コズイレフ・スピーゲルという、タイムウェーバーの元祖のカプセルをつくりました。この中に入って、宇宙と地球とをつなぐ「気」、7・8Hzを瞑想して身体の中の電磁気を整えると何が起きるかということが「コズイレフ・ミラー」でネット検索してみるといろいろ出ていますので、興味ある方は調べてみてください。

次に、ラジオニクス・システムと呼んでいた時代のコズイレフ・ミラーのタイムウェーバーをご紹介します。装置の中に入って実験した47人の共通した体験として、「飛んでいる感覚」88・2%、「宇宙の出口」85・1%、「シンボルの情報の受信」82・0%、「地球外生命の観察」80・3%、「体の回転感覚」78・1%、「UFOの観察」75・4%、「テレパシーのコンタクト」55・7%と、宇宙とつながった13項目の数字が出ています。

瞑想して7・8Hzが出て、地球の振動とシンクロする部屋をつくったら、それがタイムウェーバーになっていたということです。

「コズイレフ・ミラーの中心に入った人はテレパシー能力の増加だけではなく、彼らの意識への劇的な影響と変化を経験しました」といわれています。

コズイレフ・ミラーをもとに、H・G・ウェルズが『タイム・マシン』という小説を書いて、後に映画化されました。今、ブックオフなどで手に入ると思います。この辺の人たちが出てきますので、見るとおもしろいと思います。

何せ時空を旅できたわけですから、あながちウソではありません。UFOまで乗っていったと書いてあります。意識がちゃんと飛んでいっているのです。

本当に時空を旅したいのであれば、ゼロ磁場で、なおかつ「ポツンと一軒家」的なところで、7・8Hzに同調して瞑想することです。

質疑応答

参加者A　人間はずっと雑音にさらされているので、進化して5Gの中でも瞑想できるようにならないのですか。

藤田　なりません。

参加者A　できる人もたまにいるじゃないですか。

藤田　たまにそういう方がいらっしゃいますが、そういう方は一般の人とレベルが違います。そもそもすごく強い念力を持っているのです。個人差がありますから、現代社会でも超能力者と言われる人は強いエネルギーを持った人です。

もし一般人が、常に都会の電磁波だらけのところでもそういう力を得たければ、方法はあります。それなりの修行をするのです。

お寺にいるちゃんとしたお坊さんになるんだと覚悟を決めて出家して、修行僧としてやっていらっしゃる人たちは、そういう能力を得ることができます。家が代々お寺で、とりあえず住職になってしまったみたいな人にも、エネルギーの強い人はいるかもしれないけれども、本気で取り組んでいる人には及ばないと思います。

八十八カ所をお参りするお遍路さんを白装束で本格的にやって、何年かお堂にこもって修行すれば、なれるかもしれません。

参加者B　時間波（タイム・ウェーブ）には、アルミニウムのシリンダーがいいとされていますが、その理由は何ですか。

藤田　非磁性体である。時空を超えるわけだから、シールドされて磁場から遮断される物体が、鉄のような磁性体ではまずいのです。でも、電気が通る金属である必要があるので、プラスチックのような絶縁体ではダメです。

金属で非磁性体で、加工もしやすくて手軽に手に入るのがアルミです。

参加者B　そういう部屋をつくればいいですね。

藤田　そうです。まずは自分が入れるぐらいの箱でいいですから、つくって入ると瞑想できるかもしれないですね。

レコード鑑賞

では、音楽を聞く時間に突入します。前回はちゃんとした音が出なかったのですが、きょうはシステムを整えてありますので聞いてみたいと思います。

まず最初は１９７０〜80年代アナログレコードで、アメリカのジャズシーンの中でも歴史的に非常に成熟したころです。82年にデジタルＣＤが出てきました。ＣＤが普及するのは86〜87年ぐらいですから、それ以前の10年間ぐらいがアナログレコードのピークの時代でした。１００万枚の大ヒットが幾つも出て、レコード会社はみんな儲かって大きくなりました。

その時代のクインシー・ジョーンズ楽団のジャズの王道の曲で、アナログの時代の頂点の楽曲です。

（クインシー・ジョーンズ　「SUMMER IN THE CITY」）

続けて、ピークのころの大人のおしゃれな曲がいいなということで、おしゃれなジャズの真髄を。

（クインシー・ジョーンズ　「KILLER JOE」）

もう一曲いってみましょう。

（クインシー・ジョーンズ　「愛のコリーダ」）

大島渚監督の「愛のコリーダ」のテーマミュージックです。

当時、スタジオでマスターで標準の音として聞いていたのですが、そのとき、もっとガチャガチャうるさかったと記憶しています。スピーカーもシステムも間違っていたんですね。今聞くと、逆に迫力が全然なくて、すごくおとなしい印象です。これが正しいはずですから、今聞いた音が正解ではないかと感じます。

もう一曲、やはりやかましかったなというイメージですが、正しい音としてはどうだったのかを確認します。このシステムで聞くのは私も初めてなんです。

メイナード・ファーガソンというフュージョン系のトランペットで、「ロッキーのテーマ」。やっぱり映画にもなりました。音楽は映画とかコマーシャルと結構タイアップしていて、両方ヒットするという仕組みがあったのです。

（メイナード・ファーガソン「GONNA FLY NOW」）

やっぱりいい感じですね。ちゃんとアナログしていました。

では、もう一曲、代表的な曲を。このB面です。今の感じでいくと、期待が持てそうです。

（メイナード・ファーガソン「CONQUISTADOR」）

やっぱりアナログはいい感じですね。

では、最後に、世界で2番目にいい針で初めて再現する歌謡曲のリクエスト大会です。お好きな曲を聞いてみると、どう聞こえるのか。1970年代後半あたりはアナログレコードがいっぱい出ていたのですが、再生装置が全部間違っていたのでちゃんと聞けていませんでした。ここで正しく再生して、どうだったのかを確認したいという意味もあります。レコード盤はタイムカプセルなので、きょうの話に関連があるのではないかと思います。
（中森明菜「禁区」）
これは脳梁がめちゃめちゃ多い方で、周りは踊らされました。
（松任谷由実「ダンデライオン」）
アナログの当時の音源が確認できて、よかったと思います。
ありがとうございました。（拍手）

サウンドヒーリング実習教室

Section ⑥

本場ハリウッドの映画製作

2022年４月16日（土）
Hi-ringo-Yah!

免許皆伝

ここに私の卒業証書があります。ハリウッドのハリソン・オーディオ・コンソールというメーカーで、アカデミー賞の技術賞を何回も取っていらっしゃるウィル・オーエン（ハリソンさんの弟子）さんのところで勉強して免許をいただいて、私は「サウンド・マイスター」を名乗っているのです。音響設備をちゃんとやっていいよという証しです。

エンターテインメント産業の歴史

映像やエンターテインメント産業がどのようにでき上がってきたのかを、歴史的に簡単にご説明します。

エンターテインメントの歴史は、人を大勢集めて何か演目を行うところから始まりました。日本では盆踊り的な小さなものでしたが、西洋ではもっと大きなものでした。

今、ギリシャのアクロポリスのパルテノン神殿が世界遺産になっていますが、同じく世界遺産のエピダウロス劇場〈図16〉では、２４００年前、ディオニソスという神の祭りで、神話劇が上演されていました。エピダウロス劇場は、約30度近い傾斜がある専用の円形劇場です。これが演劇・演目を演じる最初の大

図16

きなイベントの始まりです。国家事業的な一大プロジェクトで、市民全員が参加しました。

70年代に、アクロポリスの神殿でライブコンサートをやった記録が残っています。世界遺産登録の前後なのでイベントができたのですけれども、今は世界遺産は管理が非常に厳しくなっていて、そんなことは二度とできない時代になっています。そういった珍しい資料が手元にございますので、後ほど映像を見せしたいと思います。

例えば、富士五湖も含めて富士山一帯が世界遺産になりました。ですから、富士山に登って、石ころを拾って帰ってきたらいけないのです。青木ヶ原に入って、樹海の中の葉っぱ一枚持ってきても法律違反になります。

ＢＣ３００年、キリストが生まれる直前の劇場は、舞台の奥に楽屋があって壁で仕切られていました。

さらにギリシャ時代からローマ時代に移り、キリスト教が勢力を拡大してきて、演劇は宗教の布教活動に使われるようになりました。

これが、ルネサンスという芸術革命につながっていきます。

今から５００〜６００年前、イタリアの文化の勢力が増していくと、楽団が演奏しながら演劇を行うオペラのような演目を一般人も鑑賞できるようになって、ステージの手前に今のオーケストラピット的なものが設けられました。

今でもそういった劇場が結構残っています。代表的なのは宝塚大劇場で、宝塚歌劇団はいまだにオーケストラの生演奏で演目をやっています。一回行ったことがあります。

純粋にオーケストラだけの音楽と、オペラのような演劇が並行して発展していきます。オーケストラだけの音楽を一番大きくしていったのが、今から約300年前のベートーベンとかモーツァルトの時代です。その前のバッハの時代は室内楽レベルだったのを100人編成のオーケストラにして、劇場が非常に華やいだ絶頂期を迎えます。

その後は産業革命が起こって、100年ぐらいたつと電気が発見され、現代のようにスピーカーを使って電気でコンサートをするようになりました。

今から100年ぐらい前には、現在の音響の基礎ができ上がり、スピーカーで大音量を出せるようになりました。エジソンの蓄音機、スピーカー、電気の発見、マイクロホンとスピーカーが同時に発明されたことによる電話の発明など、アレクサンダー・グラハム・ベルさん、エジソンさん、テスラさんの時代に、今の私たちが楽しめる音響設備が充実してきました。その後は、皆さんがよく知るように、あらゆるイベントに音と映像がかかわるようになってきました。

映画産業は、コンサートPAとほぼ同時に充実してきました。

歌舞伎やオペラ、バレエの舞台には緞帳《どんちょう》、幕が整っています。映画には必要ないのですが、今でも映画館のステージには幕や緞帳があるところがありま す。劇場で演目をやっていたのが、歌手、舞踊家、俳優などのアーティストが映像の中に入っただけなので、同じ考え方として痕跡が残っているのです。

多目的なホールは両方使えるようになっていて、緞帳の後ろにスクリーンを降ろせば映画館にもなるところがあります。今はそういう文化が融合して、混沌としてでき上がっている時代です。

ハリウッドの歴史

私が免許証をいただいてきたハリウッド映画は、映画の本場です。
何でハリウッドで映画産業が盛んになってきたかというと、これまた、歴史的に政治的な問題とか人種問題に非常に深く関連があります。

今、ウクライナでもめていますが、あれはイデオロギーの戦争なので、どちらが正しいとか間違っているというレベルの話ではありません。そこに武器商人が絡んでいるから、なおさらややこしくなっています。

よけいな話をしますが、第一次世界大戦も、やはり東欧の、今ちょうど戦争をやっている地帯から始まるのです。たいていの戦争はエネルギー問題や土地の分捕り合いですが、このときは人種問題でした。

今から3000〜4000年前にさかのぼると、イスラエル近辺にいた古代ユダヤの何千万人という人たちは、内戦で追われて、2500年前から世界中を放浪しています。今イスラエルとしてちょこっと残っていますが、ユダヤという国はいまだにありません。

この人たちがロシアに流れていって、ロシアから追われて東ヨーロッパに逃げたら、今度はドイツで迫害されました。第一次大戦が始まり、その戦渦を逃れて、1910〜1920年代に移民としてアメリカに流れていきました。沈没した「タイタニック」にも、船員や石炭をくべる下級労働者としてたくさん乗っていたそうです。奴隷ではありませんが、それに近い存在です。

　ニューヨークに移住したら、土着のアメリカ人からやはり迫害されたのです。ニューヨークのブロードウェイで演劇を始めていたのですが、おまえらはニューヨークなんかにいるんじゃないと追われて、西海岸に行ってロサンゼルスに根づいて、映画産業、演劇産業を始めました。

　これからお見せする映画は、ウォルト・ディズニーさんを初め、MGM、ユニバーサル・ピクチャーズ、コロンビア（現在のソニー）、二十世紀フォックス、スピルバーグ監督とか、有名な人たちがいますけれども、あの方たちは全員生粋のユダヤ系です。

　その人たちが定着して、歴史的には100年以上ありますから、世代交代もして、文化として根づいて、世界でもトップの産業になっています。

　このシステムを構築したハリソンも、もともとはユダヤ系の人ですが、音とか、その周りのコンソールとか、機械関係の技術の基礎をきちっとつくって、ハリウッドで大成功しました。

映画の背景は、サラウンドという音響システムです。これはベル研究所が発祥で、アルテックとか、JBLとか、ウェスタン・エレクトリックが開発し、それを民生機というか一般的にしてきたのがハリソンです。

1950年代に、映画はシネマスコープ、シネラマが登場してスクリーンが大きくなり、だんだん大きな劇場になって、アメリカ全土に5000人入る映画館が2万館あったと言われています。テレビが出てくる前ですから、映画産業が娯楽の中心だったのです。

その当時、ディズニーランドはできていましたが、まだ小さかったのです。テーマパークとしては始まったばかりでしたが、映画産業は一大産業になっていました。

ハリソンがそのシステムを構築した60〜70年後の2000年代になり、たまたま私の知り合いで、放送局とかスタジオ、映画会社の音響とか映像の設備を輸入したり、構築したり、つくっていた人間が、このハリウッドのシステムがまだ日本にないということで、日本にも入れないかとハリソンの本社から言われてきました。じゃ、日本に導入しようというので、「藤田さん、ハードウエアに詳しいよね」と私に声がかかったので、ハードウエアをやっていた私のS社の元同僚とか先輩に声をかけて、5人で一緒にベンチャーを立ち上げました。

導入するためには、あちらの状況が今はどうなっているのかというので勉強しに行って、卒業して免許証をいただいたのです。

映画の音響のつくり方

映画がどうやってつくられていくのか、写真を見ながらご説明します。

まず最初に、フィルムミキサーというカタログ的な資料があります〈図17〉。ディスプレイの画面上に、音のレベルとか音質が表示されます。サラウンドで

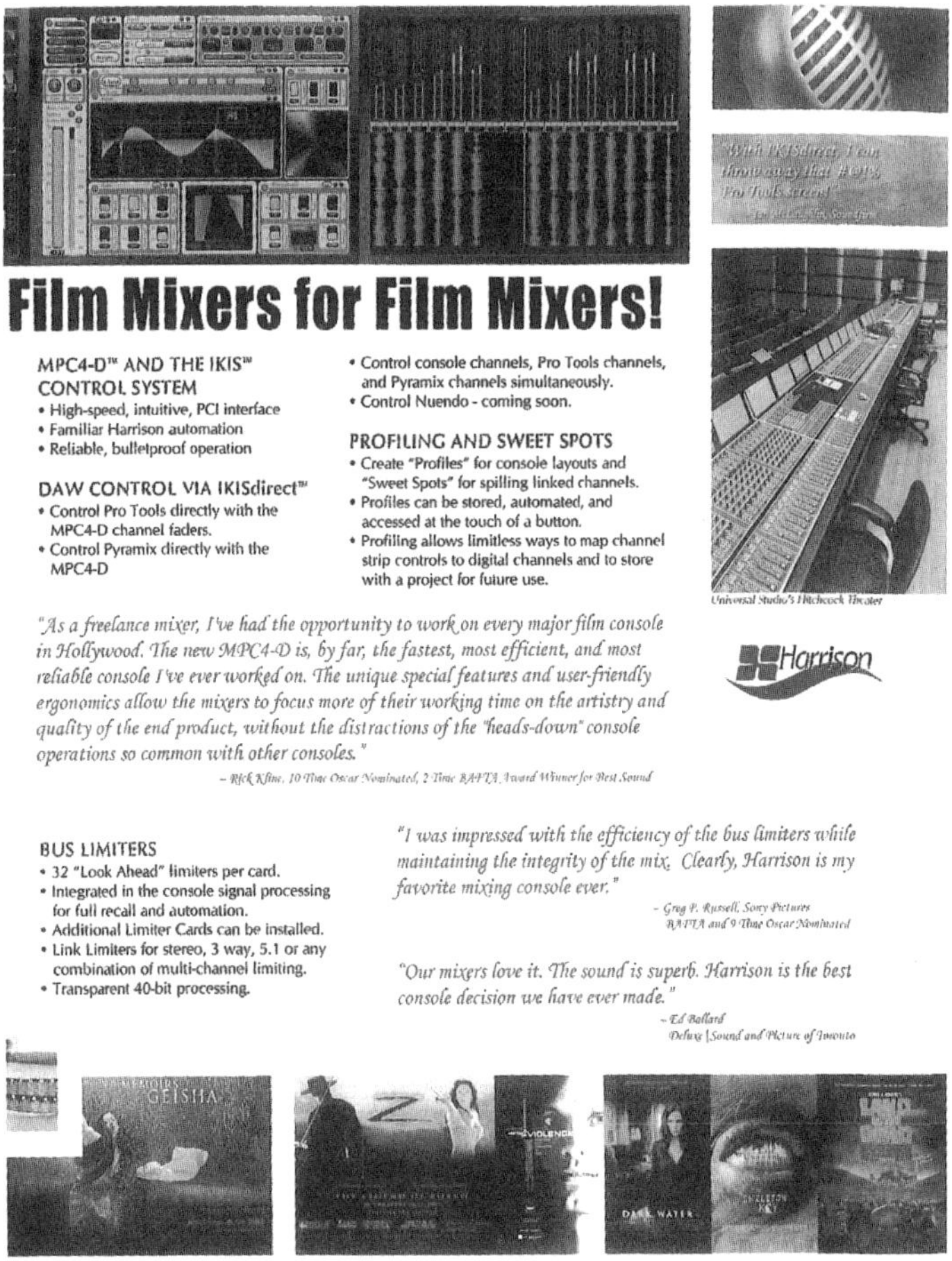
Film Mixers for Film Mixers!
MPC4-D™ AND THE IKIS™ CONTROL SYSTEM
• High-speed, intuitive, PCI interface
• Familiar Harrison automation
• Reliable, bulletproof operation
DAW CONTROL VIA IKISdirect™
• Control Pro Tools directly with the MPC4-D channel faders.
• Control Pyramix directly with the MPC4-D
• Control console channels, Pro Tools channels, and Pyramix channels simultaneously.
• Control Nuendo - coming soon.
PROFILING AND SWEET SPOTS
• Create "Profiles" for console layouts and "Sweet Spots" for spilling linked channels.
• Profiles can be stored, automated, and accessed at the touch of a button.
• Profiling allows limitless ways to map channel strip controls to digital channels and to store with a project for future use.
Universal Studio's Hitchcock Theater
"As a freelance mixer, I've had the opportunity to work on every major film console in Hollywood. The new MPC4-D is, by far, the fastest, most efficient, and most reliable console I've ever worked on. The unique special features and user-friendly ergonomics allow the mixers to focus more of their working time on the artistry and quality of the end product, without the distractions of the "heads-down" console operations so common with other consoles."
– Rick Kline, 10 Time Oscar Nominated, 2 Time BAFTA Award Winner for Best Sound
Harrison
BUS LIMITERS
• 32 "Look Ahead" limiters per card.
• Integrated in the console signal processing for full recall and automation.
• Additional Limiter Cards can be installed.
• Link Limiters for stereo, 3 way, 5.1 or any combination of multi-channel limiting.
• Transparent 40-bit processing.
"I was impressed with the efficiency of the bus limiters while maintaining the integrity of the mix. Clearly, Harrison is my favorite mixing console ever."
– Greg P. Russell, Sony Pictures
BAFTA and 9 Time Oscar Nominated
"Our mixers love it. The sound is superb. Harrison is the best console decision we have ever made."
– Ed Ballard
Deluxe | Sound and Picture of Toronto
GEISHA
VIOLENCE
DARK WATER

図17

音が前後左右から聞こえてくるようにつくるのですが、そのためにはどの位置に何の音を配置すればいいかという設定を、画面を見ながらコンピューター上で構築していくのです。

そのコンピューターをコントロールするために、フェーダーボリュームがたくさんついたコンソールの小さな写真があります。このスタジオで使っているミキサーは小さいのですが、この写真のコンソールは長さ約10メートルで、700チャンネルぐらいあります。

エンジニアさんは5人ぐらい座ります。真ん中がチーフエンジニアで、ナレーション、せりふ、ダイアローグという声専門の調整をします。音楽は音楽専門のエンジニアがその左右にいます。さらにその先にいる4人目、5人目のエンジニアは、エフェクト（効果音）とか、戦争映画なら銃撃音、アクション映画なら車のぶつかる音、殴る音を扱います。

図18（235頁参照）の写真は、ダビングステージというスタジオです。劇場のようなスクリーンがあって、10メートルのコンソールが真ん中あたりにあ

ります。コンソールとスクリーンの間が100〜300席の座席になっていて、お客さんを入れています。

最終的に音を映像と合わせるためだけのスタジオで、スクリーンには映像が映っていて、音は一切入っていません。シーンを見ながら、その映像に合った音を勝手につけるのです。

映像を撮っているときに、音も一緒に録ることはしません。なぜかというと、一つの画面の映像を撮るとき、カメラは回っているし、照明さんはいるし、周りにスタッフが100人ぐらいガヤガヤいるので、そこでの音はノイズだらけで使えないのです。

でも、主役の人たちがいるときは、一応せりふは映像どおりにちゃんとしゃべっています。そのせりふに合わせて、専門のスタジオでビデオを見ながら、もう一回アフターレコーディング（アフレコ、アテレコ）するのです。それを音源として使うのが、コンソールのセンターにいるチーフエンジニアです。そういう振り分けをして、つくっていきます。

この写真は、ノースハリウッドのバーバンクにあるユニバーサルのＤｕｂ４（ヒッチコック）ステージです。客席がコンソールを挟んで前後にありますが、映画館ではなく、ダビングステージ（Ｄｕｂ４）です〈図18〉。ここに１００～３００人ぐらいのお客を入れて、劇場で衣ずれとかお客のガヤ音も入った上で、どういうふうに再現できるかをシミュレートして、音づくりをします。

もちろん公開前の今つくっている映画なので、外に漏れて海賊版が流れたりしないように管理は非常に厳重にやっていて、お客を入れるといっても、この映画にかかわったスタッフだけです。

ダビングステージも各社各様で、右にはそこでつくられた代表的な映画のポスターの写真があります。ユニバーサル・ピクチャーズで代表的なのは「ハリー・ポッター」です。

次の写真はソニー・ピクチャーズ（コロンビア）のキム・ノヴァク・シアター〈図19〉で、バーバンクの外れのカルヴァーシティにあります。功績を残した俳優さんの名前がついているスタジオです。

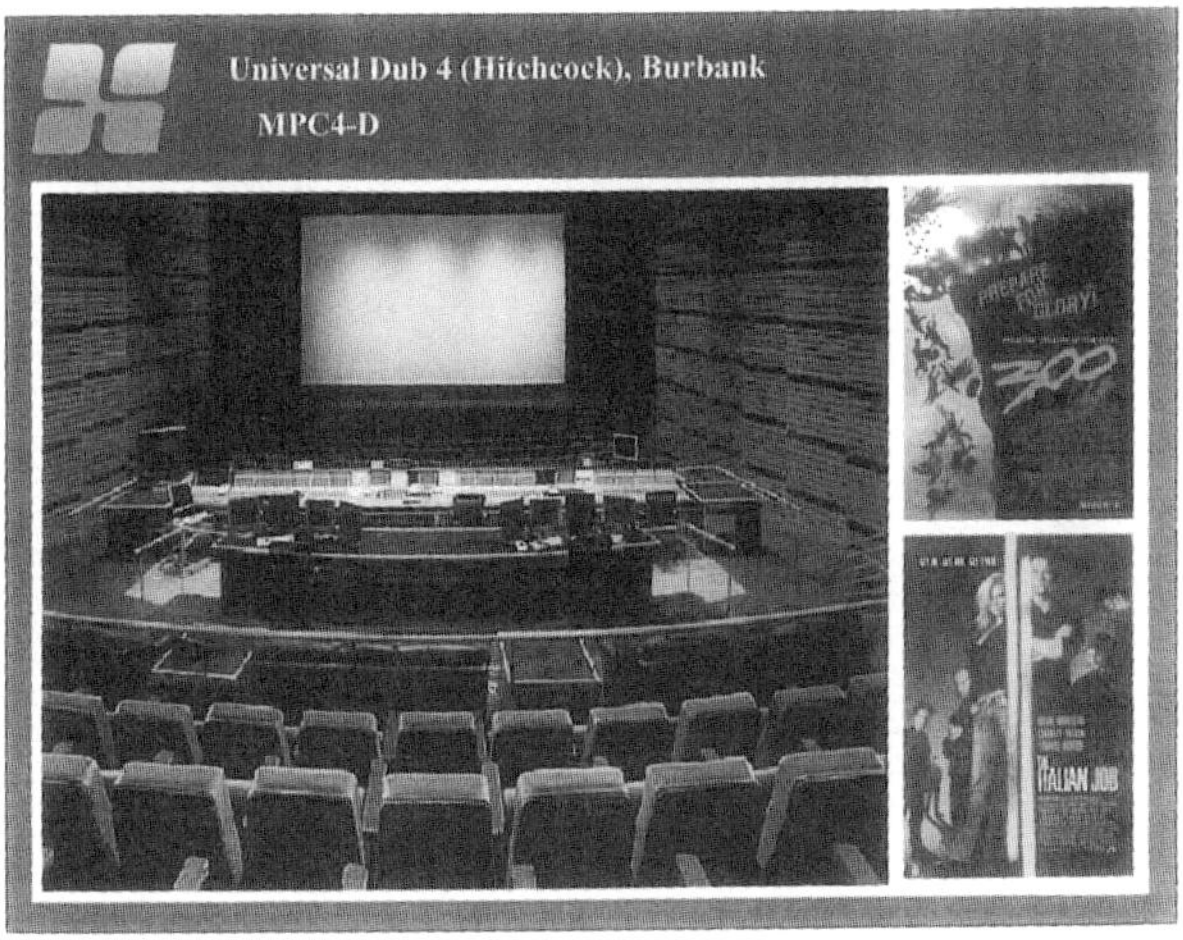

図18　ダビングステージ（Dub 4）

図19　キム・ノヴァク・シアター

次は、ソニー・ピクチャーズのバート・ランカスター・シアター〈図20〉です。映画監督、プロデューサー、スポンサーが全員集まりますから、雰囲気をつくって、見た目もきちっとしておかなくてはなりません。

次は、ソニー・ピクチャーズのケーリー・グラント・シアターです〈図21〉。アンソニー・クイン・シアターもあります〈238頁図22〉。ここは和風のつくりになっていまして、私どもがちょっとかかわったところです。

ちなみに、エンジニアさんが座るテーブルのすぐ後ろに、ディレクターと監督が座るのです。その後ろにパイプをくわえてスピルバーグが座るわけです。大御所がいっぱい来ています。こういったスタジオを一つの映画会社で約300カ所持っています。日本とは桁外れに違うのです。

次に、ハリソン・コンソールが音づくりにかかわった代表的な映画が出ています。「トゥームレイダー」、「スパイダーマン」、「メン・イン・ブラック」、「ボーン」シリーズなど、大ヒットしてアカデミー賞を取った作品がたくさんあります〈239頁図23、240頁図24・25〉。

図20　バート・ランカスター・シアター

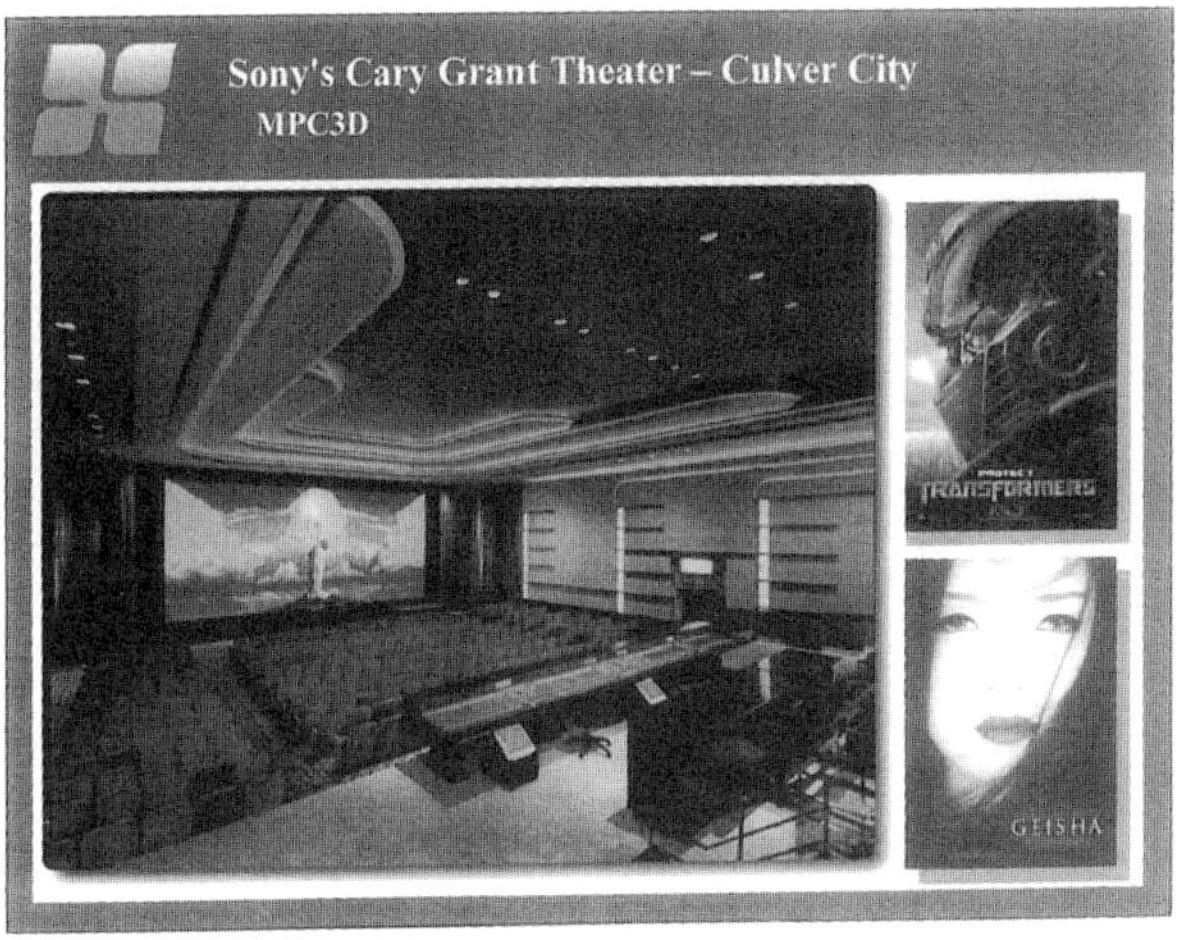

図21　ケーリー・グラント・シアター

図22　アンソニー・クイン・シアター

　ハリソンはアカデミー賞に携わるような画源をたくさんつくっているメーカーで、全世界に2000カ所の設備があります。アメリカがメインですが、ヨーロッパ、イギリス、中国、インドで、中国とインドが映画産業にものすごく力を入れています。

　私はインドは行っていないのですが、中国は行きました。ハリウッド並みの規模の映画村があって、映画産業で何万人が働いています。ハリウッドよりは小さいですが、人口10万人ぐらいの都市になっています。

図23

余談ですが、スピルバーグのスカイウォーカーランチがサンフランシスコの南側にありますが、大きな丘陵全部がカリフォルニアワインのワイナリーの敷地なのです。その山の下を掘った地下は一つの町ぐらいの広さがあって、そこにスタジオを構えて、ＶＦＸとか、ＴＨＸとか、映画画像のシステムを構築しました。

ハリウッドでは、何百億円もかけて1本の映画をつくります。この間、日本映画がアカデミー賞国際映画賞を取りましたが、制作費1億何千万とかいって規模が桁外れに違うので

More Projects mixed on Harrison:
ANCHORMAN
Be Cool
Bewitched
STEALTH
PEARL HARBOR
QUEEN OF THE DAMNED
AUGUST RUSH

図24

More Projects mixed on Harrison:
RIDDICK
PERDITION
DREW BARRYMORE
NOT ANOTHER TEEN MOVIE
KEVIN COSTNER
DRAGONFLY
BAD BOYS II
THE LAST CASTLE
TOMB RAIDER
DOMESTIC DISTURBANCE

図25

す。たった1億で映画がつくれるんだとアメリカでびっくりされたという笑い話があります。

私がつくった日本のスタジオで、マイケル・ジャクソンも録音した

次は、私が日本でつくったスタジオの写真です〈次頁図26〉。ここは映画用の音声も録れますが、音楽専門のレコーディングスタジオです。かつて信濃町にスタジオ専用のビルを基礎から建てて、つくったのです。私はつくるときからかかわっていました。このときは別件でアメリカに行っていて、帰ってきたらお仕事があったのでお手伝いさせていただきました。

このシステムは、カリフォルニアで何百というスタジオをつくっているトム・ヒドレーと一緒につくりました。資材・機材は全部アメリカ製で、大工も

Recording Studio

図26

アメリカから連れてきて、一緒に壁の裏に潜ってトンテンカンと打ちました。そこでレコーディングしたのが、マイケル・ジャクソンです。そのときのスタッフと我々で記念写真を1枚撮ったのです（注・写真は書籍には掲載できません）。マイケル・ジャクソンの左隣は奥さんのデビー・ロウさんで、右隣の大きい人はブルース・スウェーデンという担当エンジニアさんです。周りに私どものスタッフの日本人が何人かいます。私は写真を撮られるのが嫌いなので、このときも端に隠れていました。

壁にマイケル・ジャクソンが「SOUNDS GREAT!」とサインしてくれました。アメリカと同じシステムのスタジオで、同じ音がするのですから、当たり前です。そのサインの真下にいるのがプロデューサーのクインシー・ジョーンズです。

このとき、何で来たかというと、世界ツアーで、日本では大阪と東京ドームの2カ所でやって、その間、2週間ぐらいいたのです。そのときの1週間ぐらいは私どものスタジオに来られてレコーディングしました。それは本人に聞いたら、スティーヴィー・ワンダーにお礼の曲を書いて渡すんだという話だったという記憶があります。なので、世に出すための録音ではなかったのです。ちょうど「スリラー」とか「バッド」ができたばかりのころで大ヒットしていましたから、世界公演の皮切りに日本に来ました。

これ以外に、周りにスタッフがいるのです。ボブ・サップみたいに大きな黒人のガードマンが3人ぐらいついていて、バブルスちゃんというお猿がバナナを持っているのを抱っこしています。マイケル・ジャクソンは実は小さくて、痩せていて、170センチあるかないかぐらいです。頭を盛って、底の厚い靴を履いているから180センチぐらいにはなっています。これはオフレコです。

では、どんな部屋が音響的に100%完璧かというので思い描いた絵が、円形劇場の例に倣って、卵の上下を潰したような、物理学でいう2次曲線でできている楕円のスタジオです〈図27〉。これをつくって、実証実験で音響特性をはかって、ちゃんとそのとおりだねということになりました。それを聞いた個人のお金持ちが自宅にもつくりました。

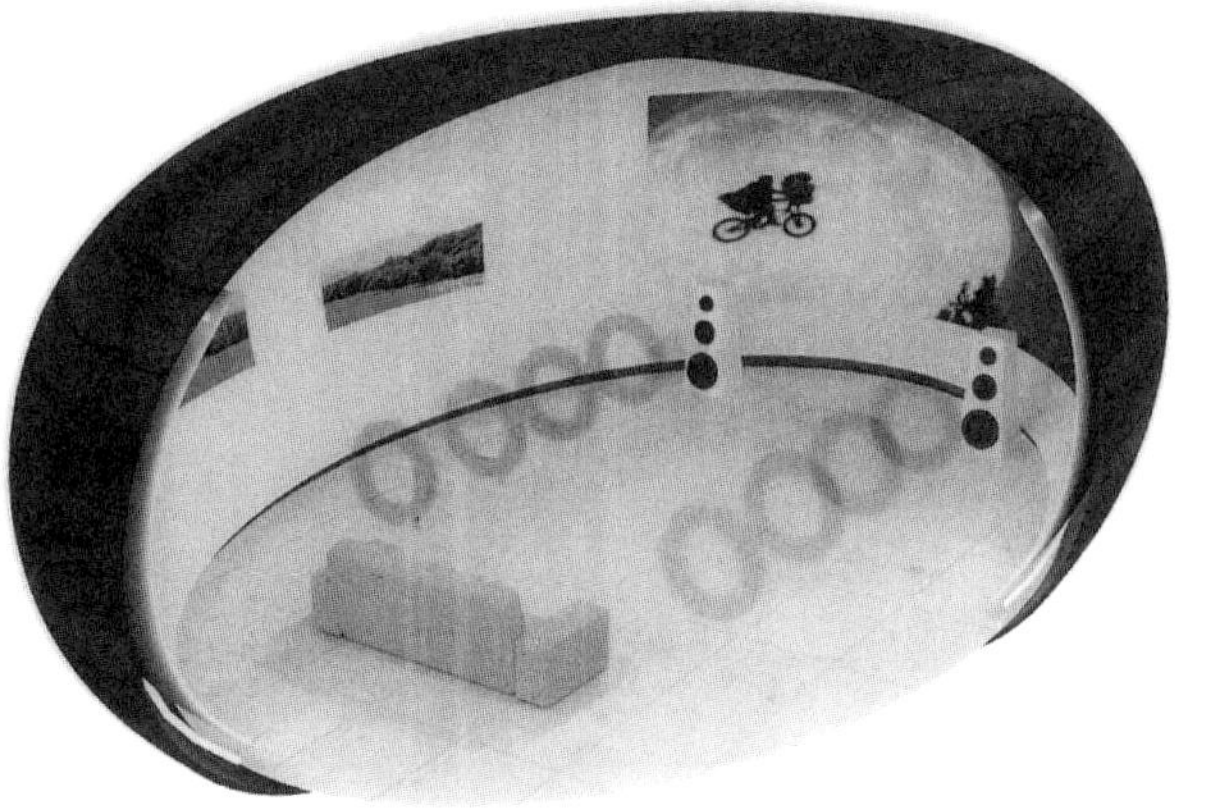

図27

オーケストラを入れるホールは、基本的にはオーバル型のデザインにちょっと角をつけてつくると、響きがお客まできっちり伝わります。楽器のナマ音だけでロスがないように音量もちゃんとあるという設備を使うと、楕円状の繭のような形になります。

これは大きなホールでも、小さなレコーディングスタジオでも、試聴室でも、自宅のオーディオルームでも、全部この相似形で完璧な音が聞こえる空間になります。

マイクをたくさん立てて、マルチ音源を録音しています。私の教え子の市民オーケストラの演奏をレコーディングしたときも同じ手法です。

オーバルなデザインの実例として、太陽光パネルでの太陽光発電を使って衣食住が完璧にできて、しかも、水に浮く部屋です。イタリア製で1000万円、安いのです。前に雑誌で見たことがあります。

神戸に、安藤忠雄さんがつくったホールがあります。卵型をしているので、「音のためにあの形にしたのですか」と本人に聞きに行ったら、「いや、卵というのはいろんなものが生まれるイメージだから、その形にした」と言って、音については別に何とも言っていませんでした。私も、それ以上、突っ込みを入れませんでした。

次に、大きなスタジアム的なイメージですが、台北ドームホールです。7〜8年前に私がデザインを教えてあげたら、卵型のスタジアムの絵を描いてこられたが、実際にできたかどうかは聞いていません。

ハリウッドにはまったく及ばない、「日本の文化レベル」

私が最初から最後まで直接かかわった映画館が、吉祥寺にあるアップリンクというミニシアターです。スピーカーのユニットが200個ぐらい入っていて、ドルビーサラウンドの7・1チャンネルという対応になっています。そこと同じサラウンド用のスピーカーを、このヒカルランドさんのスタジオで使っています。

なぜそんなに要るかというと、例えば銃撃シーンでダダダッという機関銃の弾の数を勘定してください。1発ずつ音をつくるのですから、スピーカーが200個でも足りません。また、「スターウォーズ」でドロイドと騎士が戦闘するとき、一つのシーンの中に結構たくさんの人が出ていて、その人たちの音が一つずつ出ているわけです。その音を全部つくるので、10メートルのコンソールで5人のエンジニアが一斉に動かさないと音数が足りないのです。それをスピーカーに分けるので、何百個という数になってしまいます。

そうやってつくり込んだ音でも、劇場のほうが貧弱だったらどうするのかというと、ダウンミックス・モードというものがあって、劇場の規模に合わせて音を分散させます。劇場では封切り日まで映画を見れないので、そのときに劇場の人が徹夜で作業するのです。映写技師は国家資格なので、そういう仕事がちゃんとできます（今は映写技師という国家資格はなくなりました）。

海外の映画に出てくる人たちは、主役でも何でも、ただの人ではありません。日本だと、その辺を歩いているカワイコちゃんがスカウトされて映画に出れますが、ハリウッドではそんなことは絶対にありません。きちっと資格試験を通ったプロの人たちが世界中から集まってくるから、競争が激しいし、いろいろな人種の人がいて、言語も違うので、きちっと整えておかないと文化として成立しないのです。きちっとしたユニオンにも入っています。

最終的にはオーディションでふるいにかけて、作品に合う人を選びます。そういう人以外は、スクリーンにアップでは絶対に映りません。そのぐらい厳しいのです。

そういう意味では専門職のプロフェッショナルなので、その仕事でちゃんと食べていけます。大ヒットすればセレブになります。日本では、音楽家も俳優も、その職業でちゃんと食べられる人は頂点のほんの一握りです。N響の人が少し食えるぐらいで、ほかの交響楽団の人たちはみんなアルバイトしています。実際に機能しているユニオンもありません。文化レベルは非常に遅れた発展途上国であるというのが日本の現状です。

アクロポリスでのコンサート

最初に、先ほど説明したギリシャの世界遺産、アクロポリス神殿でのライブコンサートの映像が残っているので、これをお見せします。

（Ｙａｎｎｉ　アクロポリスでのライブ）

昔のままで、ＰＡスピーカーを置いていません。ほとんどナマ音です。ステージの前に小さなのと、ミュージシャン用のはね返りスピーカーがあるだけなのに、観客を何万人と入れてしまっても大丈夫でした。１９８０年代です。

ヤニーさんはギリシャのコンポーザーで、オーケストラとポップスを融合させた元祖と言われています。アメリカの映画産業でバックミュージックをつくっている人たちは、みんなこの人のコピーです。

スクリーンを見てもらうとわかる人にはわかるのですが、ヤマハのＤＸ７という元祖のシンセサイザーです。今となっては、こういった音は貴重な映像ではないかと思います。

３万人から４万人の観客が入っています。

私の卒業制作

次は、私がハリウッドで免許をいただいてきたものをお見せします。これは私の卒業制作になります。画面はオリジナルで、音は全部、私がつくったものです。

（「Ｍｒ．＆Ｍｒｓ．スミス」）

本当は何の音もありません。そこに、まずしゃべりであるセンター、声のチャンネルだけ入れます。今度は左右の音と、広がりをつけるためのサラウンドのギアの音で、この場の雰囲気をつくるわけです。効果音、エフェクト、フォーリーをつけます。

このグシャグシャという音は、新聞紙を丸めてクシャクシャにした音です。このガラスの割れる音は、床でタイルをトンカチでたたいて割ったバリンという音にEQ（イコライザー）をかけて加工すると、こういう音になります。クシャッという音も、カチャカチャも全部つくっています。カチャカチャ音は金属なので、金属の板をカチカチたたいています。やっぱり金属には金属音がいいですね。

撃ち合いになるのですが、鉄砲の音は全部シンセです。本物ではありません。これは失敗しているのです。音が早いですね。

殴ったり殴られたりする音は、実際は自分しか聞こえない。こんな音は出ていないのです。どうしているかというと、新聞紙を水に浸して木の床にドカッと落とした音です。グサッと刺す音はレタスを切った音です。

格闘シーンは、よく見るとそっくりさんのスタントマンです。アップのときだけは本人を使います。

例えばこのシーンは、止めて、このアクションシーンだけ撮っています。だから、ここにいるのはブラッド・ピットだけで、相手役のアンジェリーナ・ジョリーはいない。画面が変わるごとに一々セッティングし直して撮っていますから、これだけ撮るのに1カ月近くかかっています。私が音をつけるのにも、それぐらいかかっています。作業コストが大変なのです。めちゃめちゃ細かいカット割りがされていて、場面が変わるごとに全部改めて撮っています。

（「スパイダーマン」）

次は、「スパイダーマン」です。これは見ていると音数が意外に少ないので、わりに楽です。一つの町のセットをつくってしまうのですからね。

ダイアローグだけ消すと、こうなります。ミックスバランスはここでもとれて、基本的にサラウンドの音はこうやってつくるのです。

こういう絵柄もあり、実は背景の半分ぐらいはＣＧなのです。それと合わせなくてはならないから、そういう意味ではちょっと手間がかかります。
映画独特のゴーッという低音をブルームといいます。これを開発したのがハリソンです。実際の重低音にシミュレートしています。

（「ハリー・ポッター」）

（「メン・イン・ブラックⅡ」）

「パール・ハーバー」の実写のすごさ

そもそも日本に設備を導入しましょうというお話で、アメリカで勉強してきて、2年半ぐらいかけて営業して回ったのです。各放送局とか映画会社、NHKに1年ぐらい大きなコンソールのサンプルを預けて、使ってくださいと言って営業して回ったのですけれども、結局、売れませんでした。大学の映画の学科で1カ所、小さいのを導入していただいたのですが、それ以降はダメでした。やはり設備的にぶっ飛び過ぎている。写真でもわかるように、ハリウッドではあんな大規模なダビングステージを1社で何百も持っているのですから、日本では、同じレベルでは無理です。東映さんや東宝さん、松竹も、規模が大き過ぎてうちでは賄い切れませんと言って断られました。それが6～7年ぐらい前です。

有楽町の駅前の東宝があった場所に松竹もあったのですが、実は松竹がそこを全部再開発して、世界でナンバーワンを目指した劇場をつくろうという話が3年ぐらい前にあって、こういった実績があるものですから、ぜひ手伝わせてくださいということで一緒に始めたのですけれども、コロナが来て、また頓挫してしまいました。いまだにフェードアウトしてしまっているという現実があります。

そのとき、卒業制作を営業するときのデモ用として使うといいのではないかということで持っているわけですけれども、これをつくるに当たり参考にしたオリジナルの映画があります。マイケル・ベイという社会派の監督が撮った「パール・ハーバー」という、日本軍が真珠湾攻撃する映画です。実はこれはラブストリーで、本当にあった実話がもとになっています。登場人物も全員現実にいた人たちの物語です。

これは正式に売っている商品です。これをたまたまハリソン・コンソールがやっていたことを私は知っていたものですから、参考にさせてもらって、勉強のネタ元にしたものです。

イデオロギーは全く関係ありませんが、戦場に行くとこんな目に遭う、事実こういうことがあったということです。今ウクライナでやっていますが、こんなようなものではないかというタイムリーなものです。

（「パール・ハーバー」）

昔のニュースフィルムを織りまぜてつくられています。山本五十六とか、源田実とか、俳優さんがやっています。

日本軍が、日曜の朝、寝込みを襲うのです。アメリカの兵隊は飲み明かしている。このとき、まだアメリカは第2次大戦に参戦していなかったのです。兵隊をちょっとずつヨーロッパ戦線に送り込んでいて、手伝っているぞという形は見せていました。

主人公はヨーロッパに行って、撃墜されて死んだことになって訃報が届くのですが、それからしばらくして帰ってきました。その間に看護師のお姉さんと旧友がいい仲になって、複雑な関係になるのですが、戦闘になってそれどころではなくなったという話です。太平洋戦争の始まりから終わりまで、すごく長い映画です。

ニュースを撮っている最中に撃たれて亡くなった人のフィルムが残っていて、それをもとにつくられています。

もう一つすごいのは、零戦がたくさん出てくるのですが、アメリカの博物館にある本物を借りてきて飛ばしています。CGも使っているけれども、本物も飛んでいる。この映画も二度と撮れないだろうと言われています。アメリカ海軍がパール・ハーバーを貸してくれて、本当に大きな船をつくって沈めているのです。そういった意味で、ＣＧだけでつくった映画とは迫力のレベルが一味も二味も違います。

４３０機で攻撃したそうです。やられたのが29機です。

戦場はこんな状態だということが結構リアルに描かれています。たぶんウクライナの町なかはこんな状況なのではないかと想像できます。映画でここまでリアリティーを追求しているのはすごいです。

ドルビーサラウンドのコンサート

最後に、お口直しで平和な映像を。サカナクションのちょっと珍しいコンサートです。

２０１７年、幕張メッセの会場で、スピーカーを周りの前後に置いてお客を囲って、大きなフライングは使っていないのです。マルチチャンネルでPAをしたという試みの映像です。

（サカナクション『SAKANAQUARIUM2017 10th ANNIVERSARY Arena Session 6.1ch Sound Around』）

お客は3000人ぐらいで、スピーカーは全体で200個ぐらい使っています。ドルビーサラウンドをライブの現場でやったらどうかという実験的な試みで、プロデューサーさんが音響の相手を絞られたということです。

本日は、私の本業である映像と音の部分を体験していただきました。ありがとうございました。（拍手）

（了）

参考図書

放送技術者の電気基礎
著者：小山賢二
発行所：ムイスリ出版株式会社

ライフ　サイエンス　ライブラリー　コンパクト版－21
「音と聴覚の話」
発行所：タイム　ライフ　インターナショナル

やさしいカラー版電気と電子の理論
著者：若山芳三郎／鈴木　清
発行所：啓学出版株式会社

最新図解　電気の豊栄としくみがよくわかる本
監修：福田務
発行所：株式会社ナツメ社

静電三法―植物波農法・物質変性法・人体波健康法
著者：楢崎皐月
発行所：電子物性総合研究所

〈パンフレット〉
身のまわりの電磁界について―概要版―（平成30年4月）
環境省　環境保健部　環境安全課

藤田武志　ふじた たけし
大手映像音響メーカーでサウンドエンジニアとして活躍し、「ブルーノート東京」「Zepp Tokyo」「クラブエイジア」「アップリンク吉祥寺」「アップリンク京都」等、100を超えるスタジオの企画・デザインを手掛けてきた「音のマイスター」。

ハリウッドにて、テクニカルトレーニングマスター（プロシアターサウンドシステム技術構築）を取得。

後進への技術継承と、新技術による高効率エナジー開発の実現に取り組んでいる。

主な著書に『いい音・いい波動の教科書』、共著に『【量子オーガニックサウンド】のすべて』（ヒカルランド）などがある。

音がわかれば宇宙がわかる!?

サウンドマイスターFUJITAの「音の宇宙」実習教室

第一刷　2023年8月31日

著者　藤田武志

発行人　石井健資

発行所　株式会社ヒカルランド

〒162-0821　東京都新宿区津久戸町3-11　TH1ビル6F
電話　03-6265-0852　ファックス　03-6265-0853
http://www.hikaruland.co.jp　info@hikaruland.co.jp

振替　00180-8-496587

本文・カバー・製本　中央精版印刷株式会社

DTP　株式会社キャップス

編集担当　中村隆夫

ISBN978-4-86742-263-2

株式会社　四十七研究所

代表　木村　準二　Junji Kimura

1963 年　多摩美術大学（工業デザイン）専攻卒業。
パイオニア入社。デザイン室に所属し、スピーカーユニット、レコードプレーヤー、トーンアーム、アンプなどのデザインを手がける。

1968 年　IID（インターナショナル工業）入社。

1972 年　デザイン企画会社ユニクリエイツにて、
ラックスの L&G シリーズのデザインを担当。

1977 年　ラックス入社。ＰＤシリーズ（レコードプレーヤー）や CL32（電球式薄型プリアンプ）、ヨーロッパ向けアンプを担当。

1980 年　京セラ入社。セラミックを利用したレコードプレーヤー、アンプなどを手がける。

1992 年　プライベートブランド四十七研究所を設立し、現在に至る。

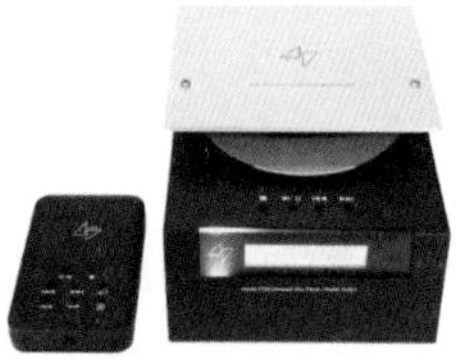

Model 4735 MK II CD Player
“Midnight Blue”

Model 4724-4725 Turntable
“Koma”-Tone arm “Tsurnbe”

株式会社　四十七研究所　http://www.47labs.co.jp/

お問い合わせ・お申し込み：ヒカルランドパーク

JR 飯田橋駅東口または地下鉄 B1 出口（徒歩 10 分弱）
住所：東京都新宿区津久戸町 3-11　飯田橋 TH1 ビル 7F
TEL：03-5225-2671　URL：https//hikarulandpark.jp/
ホームページからもご予約いただけます。

国内外で高い評価を得ている「Taguchi スピーカー」で有名な「田口音響研究所」が製作した唯一無二のスピーカー。“音のソムリエ”こと藤田武志氏の「球面波スピーカー」を採用し、球体の中で音が重畳し合って力強い波動が 360 度に広がるという、ユニークなデザインからは想像もできない衝撃のサウンドが体験できます。

自然界の音波というのは、音を出した時に一点から空気が圧縮されて球体状（360 度）に広がります。水面に広がる波紋の立体版と例えるとわかりやすいでしょう。実は、従来の音響機器のほとんどはスピーカー部がへこんでいるため、音がぶつかり合って響きに濁りが生じているのです。へこんだ面から音を出しても自然界の音波にはなりません。普通のスピーカーで好きな音楽を聴いていても飽きたり、疲れたりしてしまうのはそのため。しかし、本製品はスピーカー部が球体状になっている「球面波スピーカー」を採用し、自然界の音を忠実に再現することを可能にしました。聴いていただいてみるとわかるのですが、本スピーカーから出される「純正音」は、長時間聴いていても疲れないどころか、脳内の α 波が増え、リラックスできるんです。

さらに、「量子ヒーリンコイル」を内蔵し、ホワイト量子エネルギー（WQE）のパワーも加わっているため、音の質がクリアになるだけでなく、耳に聴こえない倍音でさえも体感できます。

もちろん Bluetooth 対応だから、スマホのお気に入りの音源を再生したり、オーディオケーブルを購入すれば CD プレーヤーやコンポと接続して聴くこともできるので CD 派の人も安心。ぜひ新次元のサウンドを体験してください。

既存のスピーカー

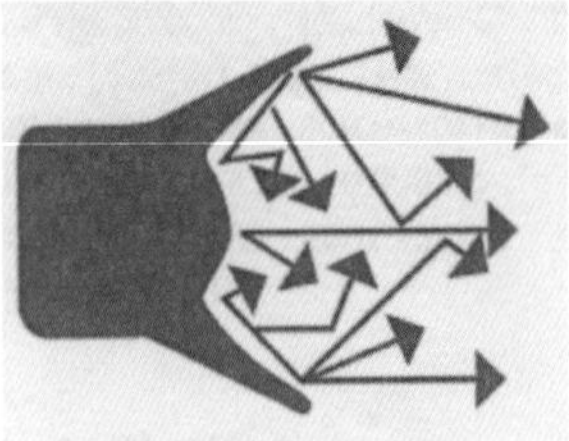

音がぶつかり波形が崩れ、
響きに濁りが出る。

球面波スピーカー

音が球体状、立体的に
広がり、響きが増幅。

スイッチオンするだけ！
コンパクトなのにインパクトがスゴイ！

オルゴンエネルギーとホワイト量子エネルギーの融合によって、原子や分子などをより高いエネルギー状態へと導き、全身のバランスを整えます。点灯なしでもエネルギーは出ていますが、点灯させることでより高まります。レギュラーとハイパワーでは、バッテリー容量（通電力）が３倍違います！

長さはシーンやお好みに合わせて変えてください。ボタンを押すと緑色LEDが点灯します。着かなくなったら充電してください。

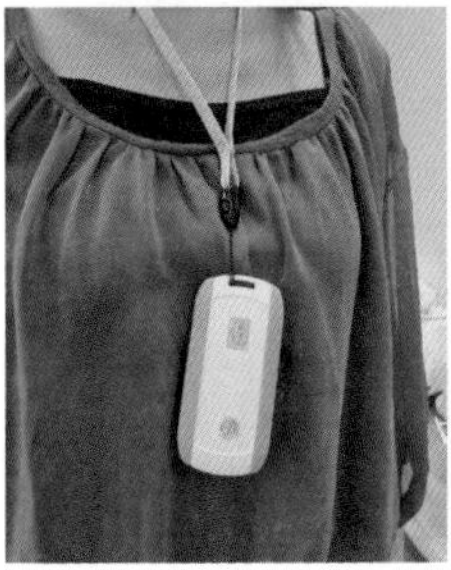
使用例　ハイパワー着用時

付属品 USB 充電器

呼吸器系が弱く、一度咳き込むとなかなか止まらないのですが、クオンタムリペイヤーをしている時は平気です。気道の状態は、自律神経に関係していると言いますから、無意識領域のバランスをとってくれていると思っています。　（スタッフ H）

体調を崩した編集のＭに貸したら、かなり気に入ったようで全く返って来ません。仕方がないので、もう一台新調。咳が出そうになった時、胸腺のところに置きボタンを押すと咳が止まります。体調を崩した時、2~3日つけっぱなしにするとすっきり改善します。　（スタッフ T）

弱いところに優しく寄り添う

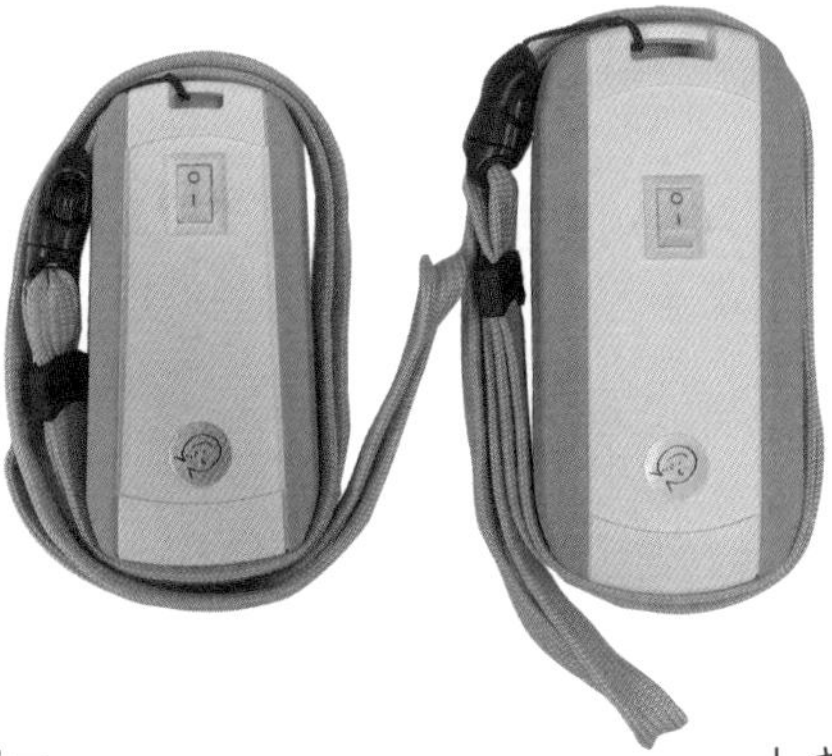

ハイパワー　　　　　　　　　　　　　　　レギュラー

WQE 加工商品

WQE+Orgone+
量子のクスリ箱クオンタムリペイヤー

レギュラー	88,000円（税込）
ハイパワー	176,000円（税込）
2タイプ同時購入	264,000 円(税込)のところ 220,000円(税込)

※デザインおよび色合いは予告なく変更することがあります。

レギュラー　サイズ：［本体］幅約4.4cm×長さ約9cm×厚さ約2cm［ストラップ］長さ約52cm×幅1cm　重量：約44ｇ　素材：［本体］ABS樹脂［ストラップ］ナイロン　仕様：マイクロオルゴンボックス、WQEコイル、緑色LED、充電タイプ

ハイパワー　サイズ：［本体］幅約5cm×長さ約10.5cm×厚さ約2.8cm［ストラップ］長さ約52cm×幅1cm　重量：約70ｇ　素材：［本体］ABS樹脂、［ストラップ］ナイロン　仕様：マイクロオルゴンボックス、WQEコイル、緑色LED、充電タイプ

【使用法】身に着ける：付属のストラップをお好みの長さに調節し、1日2〜3時間首からかける、部屋などに置く：ストラップをフックなどにかける又はストラップを使用せず、お好きな場所に置くなど。

【使用例】瞑想の時：より深い状態へ導いてくれます。就寝前に：より心地よく眠れるように働きかけます。ヘトヘト、イライラ等：平常心が戻るようにサポートします。

転写時間はペットボトル2リットルの場合は6分（オートシャットオフ機能）で波動水が出来ます。

【藤田氏おススメ使用方法】

★転写する物に制限はありませんが、コーヒー、紅茶、お茶等の飲み物、水分量の多い食べ物、野菜、ご飯などに高波動のものを転写して好結果が得られた報告もあります。
作用を受ける私たちの体も約60～70%の水分で構成されているので転写波動の影響を大きく受けます。

30年前、大手家電メーカーSに在籍時、当時脚光を浴びていた波動転写器をリバースエンジニアリングで改良して以来、ずっと研究し続けてきました。2つのメビウスコイルをつなぎ、**ゼロ磁場を作り、トーラスエネルギーを発生させています**。2つの方位磁石でぜひゼロ磁場をご確認ください。構造上、私の商品開発**史上最強の波動転写器が実現**しました。自信を持ってオススメします。（藤田武志氏）

古代のスメラミコトは天皇として神代文字を紡ぎだしてきました。これによって、体内の極微の生物ソマチッドが活性化することも知っていたのでしょう。私は神代文字を治療に使い出して、すでに20年近くになります。日本に隠された宝とは、**神代文字**のこと。その活用方法は、工夫次第で無限大です。この【魔人くん】で使う文字の種類、その並べ方、その**効用を最大限**になるよう、セルフォで決めていきました。新たな神代文字の活用法の誕生です。（片野貴夫氏）

本といっしょに楽しむ イッテル♥ Goods&Life ヒカルランド

神代文字×フトマニシートの
ポジティブエネルギーを好きなものに転写！

サウンドマイスター
藤田武志

×

神代文字治療家
鍼灸師 **片野貴夫**

神代文字×フトマニプレート

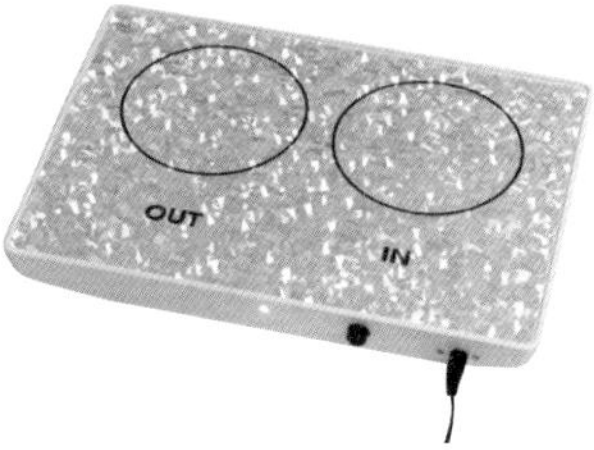

波動転写器

波動転写器〈神代文字×フトマニ〉
本質移転マシン【魔人くん】

220,000円（税込）

【神代文字プレートの使い方】

天の気を集め、不調を癒やす古代図形「神代文字×フトマニ」パワーを、水に転写させて、その水を飲む、お風呂に入れる、気になるところにつけてみたりしてください。

使い方はほんの一例です。ご自身の直感にしたがってご使用ください、一番はご自身の身体が知っていますので固定概念を外して数枚重ねてみたり、他の物と組み合わせたりしてもよいかもしれません。

セルフォ（セルフ・オーリング・テスター：販売ヒカルランドパーク）でチェックするのもおススメです。

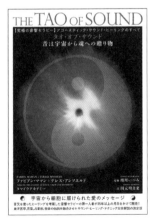

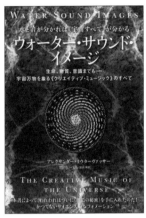

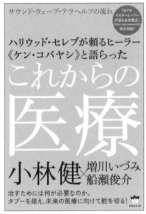

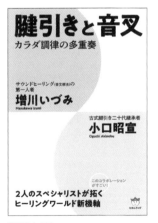

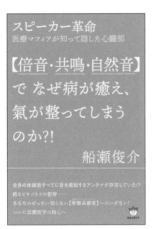

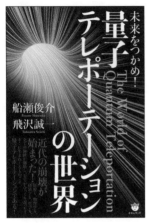

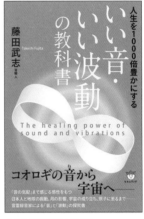

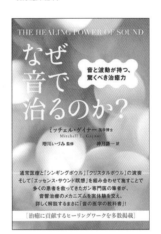